HISTOIRE ET GEOGRAPHIE

DES AVOYELLES EN LOUISIANE

Eglise St. Joseph à Marksville

HISTOIRE ET GEOGRAPHIE DES AVOYELLES EN LOUISIANE

par

Corinne L. Saucier, Ph.D.

A FIREBIRD PRESS BOOK

PELICAN PUBLISHING COMPANY
Gretna 1998

ISBN 1-56-554612-1

Manufactured in the United States of America
Published by Pelican Publishing Company, Inc.
1000 Burmaster Street, Gretna, Louisiana 70053

PREFACE

All of us who are interested in history are anxiously awaiting the history planned by the United Nations. Will it be scientific, that is, written from an objective point of view? In spite of the fact that it is the trend of our day, we feel that pure objectivity is scarce in this world where emotions play such a vital part in all human endeavors. And so it is possible that, although the author of this modest contribution to the subject made a sincere effort to be objective, she did not succeed in every particular.

This work is a translated resumé of *The History of Avoyelles Parish, Louisiana,* published in 1943 by the Pelican Publishing Company, New Orleans, Louisiana, which was the result of several years of research work in the Archives of the parish courthouse, as well as those in New Orleans, the libraries of Louisiana State University, Tulane University and Northwestern State College. In addition the author made a tour of the parish, or county, to interview aged citizens who contributed much material not found in print. Whether this is a dependable way of obtaining information for writing history is debatable. The author knows that there is no other way to obtain the details of local history on the scale attempted in this work.

The translation from English to French was done under the direction of Professor Luc Lacourcière of Laval University, Quebec, Canada. It served as chapter one of the author's dissertation for the Ph. D. degree received in August, 1949. The title of the dissertation is *Histoire et traditions de la Paroisse des Avoyelles en Louisiane.* It is composed of four chapters—the second being on oral traditions, the third consist of folk songs and stories and the fourth and last is a study of the spoken French of the area—a total of 534 pages which is about the length of the original history written in English.

The author is cognizant of the fact that there is no great literary value in this work. If it has any value at all, it is that of recording events of a passing era. Times are changing fast. The young people of today are not aware of conditions of their grandparents' time. An effort is made on these pages to record the past in such a manner as to make this generation understand and appreciate the evolution experienced by our parish located in central Louisiana of today.

HISTOIRE ET GEOGRAPHIE DES AVOYELLES

Nous nous proposons de parcourir rapidement les événements qui amenèrent la colonisation de la Louisiane, les péripéties de cette colonisation, son organisation, son gouvernement et sa manière de vivre. Deuxièmement, nous voulons décrire plus à fond le développement de la paroisse des Avoyelles située au centre de la Louisiane actuelle. Ce développement nous le présentons en deux divisions : celle du poste des Avoyelles, nom donné à la région pendant vingt-cinq ans, de 1780-1805, et celle de la paroisse des Avoyelles depuis 1805 à nos jours. Nous espérons décrire pour chacune de ces divisions la manière ve vivre au point de vue du governement, de l'industrie, du commerce, de l'instruction, de l'église et des divers rapports sociaux.

L'explication du mot paroisse nous paraît nécessaire, puisqu'il a ici une signification spéciale. D'origine grecque, il signifie *voisin*. L'histoire nous apprend que la première paroisse fut Jérusalem. Au septième siècle, le régime paroissial se généralisa sur tout le territoire de La Gaule. Il s'employait pour désigner un ressort ecclésiastique administré par un évêque. A cette époque, l'évêque avait des devoirs dans le domaine social et le domaine religieux. Paroisse et diocèse se confondaient dans le langage exclésiastique. Plus tard, le mot désigna la circonscription dans laquelle un curé airigea le spirituel.

Au Canada, nous dit Falardeau[1] "La paroisse rurale ~anadienne, unité territoriale et religieuse, s'identifie svec l'unité d'organisation de la société rurale. En d'autres termes nous affirmons que la paroisse constitue, dans la campagne canadienne, l'élément d'intégration de la vie sociale ; elle est dans toute l'acceptation du terme, ce qu'on entend, en d'autres régions des Etats-Unis et du Canada, par communauté rurale. La communauté rurale est la plus petite unité géographique pour la poursuite des activités humaines."

En Louisiane, le terme d'abord s'appliqua à l'unité spirituelle d'une région géographique. Ses unités étaient très étendues puisque la population était peu nombreuse. Aussi, il y avait peu de prêtres pour les administrer.

L'église forma le noyau du groupement social spontané.

---

[1]Falardeau, J. C. *Analyse sociale des communautés rurales*, Université Laval, Québec, 1944.

C'est ainsi que l'unité de gouvernement rural prit le nom d'unité spirituelle quand le moment arriva de prendre une décision. Voilà pourquoi la plupart des paroisses dans la basse Louisiane ont des noms de saints tels que: Saint-Jacques, Sainte-Marie, Saint-Landry, Saint-Jean, Saint-Charles, Ascension et Assomption. Quand la population augmenta, il y eut plusieurs communautés dans une paroisse, ce qui amena un changement de signification du mot.

La paroisse des Avoyelles se trouve au centre de l'Etat de la Louisiane, aux Etats-Unis. Sa position géographique est 30¾ à 31¾ de latitude nord et 91¾ à 92¼ de longitude à l'ouest. La Rivière Rouge forme partie de la limite à l'est, coupant la paroisse et séparant la Louisiane française de la Louisiane anglaise. La paroisse a une superficie de 840 milles carrés ou 534,000 acres de terre, dont 462,192 sont d'alluvion, 49,060 de côte et 22, 748 de prairie. En tout, 140,000 acres sont cultivables; quant au reste, une partie est basse et boisée, l'autre est exposée aux inondations. L'agriculture en a toujours été la principale occupation. La population en 1940 était de 39,256, dont 10,115 étaient noirs. Il est à noter que l'on appelle ces divisions territoriales *comtés* dans les autres Etats du pays. Ce fait s'explique dans l'histoire de la Louisiane que nous allons parcourir maintenant.

A   *Au Canada*

Niflet, historien français du 16e siècle, nous dit, par l'intermédiaire de Lauvrière, que des pêcheurs bretons et normands fréquentaient les Grands Bancs de Terre-Neuve et les côtes du Canada plus de cent ans avant l'exploration de Christophe Colomb en 1492.[2] C'est à l'époque où, en Europe, le goût des courses lointaines commença. Au début, le gouvernement français était trop occupé avec ses problèmes de guerre et ses troubles intérieurs pour s'y intéresser. Après la colonisation de l'Espagne au nouveau monde, François Ier se rendit compte de l'importance de ces explorations et les encouragea.

Verazzano fut le premier navigateur envoyé par le gouvernement français. Il rentra en France après une exploration sur les côtes de l'océan Atlantique. En 1534, Jacques Cartier partit pour un voyage d'exploration poursuivant le même but que Christophe Colomb, c'est-à-dire trouver à l'ouest une voie vers les Indes.

---

[2]Lauvrière, Emile *La tragédie d'un peuple*, Paris, édition Boassard, 1922 V.1 p. 6.

Il avait aussi le goût de la course à l'or comme les Espagnols. Il passa par les parages poissonneux que nous avons mentionnés et arriva à la baie de Gaspé. A son second voyage (1535), il découvrit le Saint-Laurent et hiverna au confluent de la rivière Saint-Charles. Même un troisième voyage en 1541 ne produisit pas de résultat durable.

En 1603, Henri IV donna le monopole de la région entre le 40° et le 46° à la Compagnie de la Nouvelle France, composée de négociants français, avec de Monts comme chef. L'année suivante, Samuel de Champlain, père de la Nouvelle France et vrai colonisateur, fit un voyage d'exploration avec Dupont-Gravé. On décida d'établir la colonie à Port Royal devenue plus tard Annapolis.[3] Poutrincourt prit charge de cette colonie. Il croyait aux principes de colonisation basés sur "labourage et pâturage." Il avait en vue, non pas comme tant d'aventuriers et marchands de son temps ,une simple exploitation temporaire des pêcheries et des pelleteries, mais bien la fondation d'une colonie agricole de peuplement stable. Examinons les moeurs de cette première colonie agricole.

Dièreville, marchand qui habita l'Acadie de 1699-1700, dit qu'en 1680, il y avait 500 âmes en Acadie (tel était le nom de la colonie). La plupart des maisons étaient bousillées et avaient des cheminées d'argile.[4] Il y avait une petite église et une école érigee par la soeur Chausson. Le recensement de 1698 compta 1584 arbres fruitiers. On faisait du cidre, de la bière, du sirop d'érable et de la mélasse. Le blé, le seigle, le chanvre et le lin se cultivaient. Il y avait 982 bêtes à cornes et 1136 bêtes à laine. Le poisson et le gibier étaient abondants. Les Acadiens déjà enracinés au sol étaient de simples paysans attachés à leur terre. Ils avaient peu d'argent, mais ils échangeaient leurs produits. Le sentiment de la famille était très répandu chez eux. Ils se groupaient pendant plusieurs générations formant ainsi le village des Hébert, le hameau des Richard, la butte à Jean, etc. Dièreville ajoute : "C'était un peuple fort sain, le plus innocent et le plus vertueux que j'aie jamais connu ou dont j'aie lu le récit en aucune histoire."[5] Mais le sort réservait à ce

---

[3]*Ibid.*, p. 14.
[4]*Ibid.*, p. 161.
[5]Lauvrière, Emile *Histoire de l'Acadie et Histoire de la Louisiane,* Hanotaux et Martineau—Paris S. C. p. 228. Alliance Française.

groupe de colons beaucoup d'épreuves puisque par de traité d'Utrecht,, en 1713, l'Acadie devint anglaise. Quoique le traité donnât aux Acadiens la liberté de s'établir ailleurs avec tous leurs effets mobiliers, en pratique ils ne purent le faire, car personne ne voulait acheter leur propriété et les gouverneurs anglais ne permettaient pas aux vaisseaux du roi de venir les chercher.

Ainsi passèrent les années. En 1755 vingt ans avant que les colonies américaines déclarent leur indépendence de l'Angleterre, le lieutenant-gouverneur Lawrence envoya le Colonel Winslow pour les faire prisonniers. C'est ce que l'on a appelé le grand dérangement. Les Acadiens furent transportés et distribués dans les colonies anglaises d'Amérique. Tous furent très malheureux. Un grand nombre quittèrent leurs terres pour passer en France ou ailleurs.[6] Parmi eux, un groupe fut envoyé à Boston en 1755, en Angleterre en 1758, en France en 1763, à Belle Isle en 1765; mais taxant l'île de stérile, ils passèrent à St. Malo, d'autres aux îles Malouines qui furent prises par les Espagnols et les Anglais. Alors ces Acadiens passèrent en France pour la deuxième fois.

B *En Louisiane*

La vallée du Mississippi, avant l'arrivée de l'homme blanc, était habitée par des tribus de sauvages qui avaient des moeurs simples, vivant de chase, de pêche et de la culture du maïs.

La tribu la plus considérable était celle des Sioux dont les branches se trouvaient dans plusieurs régions de la vallée du 17e siècle. Ces branches s'appelaient: Chickasaws, Choctaw, Natchez, etc. Elles se subdivisaient encore: Tunica, Houma, Pascagoula, Biloxi, Tensas, Avoyelles, etc. Ce fait explique le grand nombre de noms géopraphiques indiens encore en usage aujourd'hui. Il est à noter que la manière de prononcer et d'écrire les noms de tribus et de lieux indiens a quelque peu differé suivant les langues européennes et même chez les écrivains d'une même langue.

En général, les sauvages furent amis des Français colonisateurs et leur aidèrent considérablement. Ils se coalisèrent avec eux contre les Anglais dans les luttes de rivalité pour la possession du Nouveau-Monde. Bien sûr, il eut des exceptions, mais d'ordinaire elles résultèrent d'un manque de justice ou de jugement de la part de quelques politiques français.

---

[6]Lauvrière, op. cit. II, p. 172.

Après le traité de Breda (1667), l'exploration et la navigation fluviale à l'intérieur du continent américain connut une
grande activité. Deux grands navigateurs, Louis Joliet et le
Père Marquette, jésuite, découvrirent le Mississippi en 1663.
Ils sont allés jusqu'à l'embouchure de la rivière Arkansas au
33°, rivière qui avait été visitée auparavant par les Espagnols,
venus du Sud.

Né à Québec en 1645, Joliet avait fait ses études au Collège
des Jésuites et avait acquis la connaissance des langues sauvages
ainsi que toute l'expérience nécessaire pour voyager dans les
régions inconnues à l'époque.

Louis Joliet et le Père Marquette ont prouvé, par ce voyage,
que le Mississippi n'offrait aucun passage au golfe de Califor-
nie, comme l'on croyait à ce moment là, et qu'il se découlait dans
la mer du Mexique. Le Père Marquette demeura dans la mission de Saint-Francois-Xavier, au sud de la Baie Verte et Joliet
apporta seul à Québec la nouvelle de leur découverte.[7]

Un autre de ces intrépides navigateurs fut Robert Cavalier
de la Salle, originaire de Rouen oú il avait passé sa jeunesse chez
les jésuites. Il était venu au Canada en 1667. De tempérament
orgueilleux, courageux, enthousiaste et d'esprit étendu et cul-
tivé, il savait inspirer les âmes ardentes, mais malheureusement
il ne sut pas se faire aimer de ses hommes. En 1669, La Salle
découvrit la Rivière Ohio jusqu'aux rapides de Louisville dans
le Kentucky.[8] De retour au Canada au moment oú l'on discutait
la découverte du Mississippi, il conçut le projet de descendre
jusqu'à l'embouchure. Il se rendit donc en France pour obtenir
la permission et l'aide financière.

Après avoir surmonté de nombreuses difficultés, il entra
dans le fleuve du Mississippi le 6 fevrier 1682. Il arriva à l'embouchure le 7 avril et prit possession de ces immenses régions
auxquelles il donna le nom de Louisiane, en l'honneur de Louis
XIV qui s'intéressait à l'entreprise. Il décrivit ainsi toute la
vallée de ce fleuve :

> "L'air avait une odeur suave, les pruniers, les pêchers,
> les mûriers étaient en fleurs—C'était le plus beau pays
> du monde comme prairies—des prairies toutes parées

---

[7]Garneau, François-Xavier *Histoire du Canada*, Paris, 7e edition S.D.
V. I, p. 299.
[8]*Ibid.*, p. 301.

de bouquets d'arbres—Le blé d'Inde y mûrit en quarante jours.''[9]

Plus tard, il fut chargé de commencer la colonisation de la Louisiane. Nous connaissons le tragique résultat de cet effort en 1684 quand ses navires passèrent la principale bouche du Mississippi sans la reconnaître et aboutirent à la baie aujourd'hui appelée Matagorda Bay, dans le Texas, à cent vingt lieues au-delà du fleuve. Peu de temps après, La Salle fut assassiné par un de ses hommes.

Ce fut Iberville qui reprit le projet de la Salle. Partant de Brest en octobre 1698, il arriva à l'embouchure du Mississippi le 2 mars 1699. Il laissa son frère Bienville au fort qu'il avait construit à l'endroit actuel de Biloxi, dans l'Etat du Mississippi et rentra en France pour obtenir des ravitaillements. C'est à cette époque que Bienville, avec 22 de ses compatriotes, visita le pays des Caddos dans le nord de l'Etat de la Louisiane, passant par le territoire que l'on appelle aujourd'hui la paroisse des Avoyelles. Le pays était inondé sur une distance de 170 lieues. Voilà la raison pour laquelle on hesita tant au début à choisir cet endroit comme site de la colonie.

Nous avons vu le procédé par lequel la colonisation du Canada fut accomplie. Le gouvernement de la France à l'époque ne voulait pas s'exposer en raison des conditions économiques, à des risques financiers. Il avait confié l'entreprise à des négociants qui formèrent la Compagnie de la Nouvelle-France. C'est à cette compagnie que furent cédés en mai 1628 Quebec et tout le pays s'étendant de la Floride au Lac de la mer douce, c'est-à-dire, la Louisiane. On appela cette compagnie celle des Indes Occidentales jusqu'en 1674.[10] De la même façon, la colonisation première de la Louisiane fut en grande partie l'oeuvre de compagnies. En 1712, Louis XIV ceda la colonie à Crozat pour quinze ans[11] Celui-ci obtint tous les droits de commerce et de minéraux, car on cherchait les métaux partout, même dans les pays des Sioux où La Sueur vint dans ce but précis en 1699. Le commerce des pelleteries intéressa les premiers colonisateurs d'une manière toute spéciale. Crozat ne réalisa pas ses plans et remit sa charte en 1717. La compagnie du Mississippi, aussi, appelée Compagnie

[9]Lauvrière *Histoire de l'Acadie et Histoire de la Louisiane*, p. 267.
[10]Lauvrière *La Tragédie d'un peuple*, p. 61.
[11]Fortier, Alcée *History of Louisiana* V. I, p. 56.

Occidentale, s'en chargea avec l'Ecossais John Law, comme directeur. Law était un grand spéculateur. Il institua un plan grandiose pour coloniser la Louisiane. On fonda une banque en France pour financer l'entreprise. Bien que conçue sur des principes de finance semblables à ceux des financiers d'aujourd'hui, elle échoua. On l'appelle dans l'histoire le "Mississippi Bubble." C'est alors que la colonie passa à la Compagnie des Indes pour vingt-cinq ans. Après la guerre avec les Natchez, en 1731, la Compagnie, pour des raisons de finance, la rendit au gouvernement et la Louisiane devint une province royale. Comment fut-elle administrée pendant ces années? Comme nous avons déjà dit, Iberville, brave militaire, arriva en 1699 à la baie de Biloxi. Il retourna en France et revint avec Boisbriant et Saint-Denis à la fin de la même année. Sauvole, premier gouverneur, mourut en 1701 et Bienville devint gouverneur à l'âge de 22 ans. On décida de changer le site puisque le sol choisi n'était pas propice à la culture des plantes. Bienville se fixa sur la Rivière Mobile en 1702. L'année suivante, Iberville mourut de la

Pile et pilon que l'on se servait au dix—neuvième
siècle pour écaler le riz

fièvre jaune dans la capitale de Cuba. Bienville qui avait éprouvé bien des difficultés de discipline se trouva seul. Ses ennemis le firent remplacer par Cadillac, en 1713 et Bienville devint son assistant. Trois ans plus tard, l'Epinay devint gouverneur. C'est à cette époque que l'on établit la colonie de Natchitoches sur la Rivière Rouge. Bienville alors redevint gouverneur et établit sur le Mississippi une colonie à 30 lieues de la mer en 1718. Quatre ans plus tard, celle-ci devint la capitale qu'en appela la Nouvelle-Orléans. En 1723, en fonda le poste de Bélize, plus bas sur le fleuve. Le Père Charlevoix dit:

> "Lepays de la Louisiane est très beau, très fertile, favorable à toutes cultures et à toutes sortes d'élevages. Mais il est mal administré et insuffisamment peuplé. Si l'on ne commence pas par la culture des terres la colonie ne s'établira pas."[12]

Malgré le dévouement de Bienville à sa colonie, il fut rappelé en France in 1724 et Boisbriant prit sa place. En 1733, il revint pour rester jusqu'à 1743 quand il quitta la Louisiane définitivement.

Les tableaux statistiques suivants vont nous permettre de suivre les progrès numériques de la colonie dans ses débuts, de ses ressources en hommes, en bétail et en armement.

	1704[13]	1723[14]	1726[15]
familles françaises (3 petites)			
militaires	180	229	...
filles et (7 petits garçons)	27	...	...
femmes	...	169	...
sauvages (esclaves de 12-18 ans)	6	...	...
sauvagesses (esclaves de 15-20 ans)	5	...	...
prêtres	4	...	...
enfants	...	183	
orphelins	...	45	
esclaves	...	267	1,540
maisons en bois, d'un étage, couvertes de feuilles de palmiers	80	...	...
porcs	100	...	...

---

[12]Lauvrière *Histoire de l'Acadie et Histoire de la Louisiane*, p. 37.
[13]Fortier Vol. I, p. 51.
[14]*Ibid.*, p. 101.
[15]*Ibid.*, p. 101.

chevaux	...	14	...
bêtes à cornes	27	267	...
chèvres	3	...	...
poules	400	...	...
fusils	...	313	...
pistolets	...	25	...
maîtres	...	...	1,952
servants	...	...	276
esclaves sauvages	...	...	229

En 1804, le territoire de la Louisiane est peuplé de 41,700 blancs et 38,600 noirs.[16]

Quoique Bienville fût l'âme de la colonie, il eut plusieurs remplaçants sous l'administration française. Nous dressons la liste suivante afin de démontrer ce fait:

Sauvole 1699-1701
Bienville 1701-1713
Cadillac 1713-1717
L'Epinay 1717-1718
Bienville 1718-1724
Boisbriant ....(ad interim)
Périer 1726-1733
Bienville 1733-1744
Vaudreuil 1744-1753
Kerlérec 1753-1763
D'Abadie 1763-1765   mourut cette annee-lá
Aubry 1764-1769

Le département de justice fut appelé le Conseil Supérieur. Les membres, en 1719, étaient: Bienville, gouverneur, Hubert, intendant, Boisbriant, Chateaugue, Villardo, L'Archambault, Legas, Cartier de Bauve, procureur-général, et Couture, secrétaire.

Sous les administrations de Bienville, on comprit l'importance de l'agriculture après que l'expérience eut démontré la futilité des courses à l'or, etc. L'on cultivait le riz, le tabac et l'indigo. Plus tard, on y ajouta le coton et la canne à sucre.

Les inondations qui causaient tant de pertes furent controlées par un système de levée commencé en 1729.

On avait construit un hôpital et un couvent avant 1724. Des

---

[16]*Ibid.*, V. II, p. 319.

Ursulines, venues de France, dirigeaient le couvent et la Soeur Madeleine Hachard fut la première à décrire la colonie dans les lettres qu'elle écrivait à des amies en France. Bienville avait aussi établi un collège des Jésuites.[17]

En 1728, les filles à la cassette portant leurs trousseaux dans de petits coffres, arrivèrent de la France. Elles étaient avec les Ursulines. Toutes trouvèrent des maris bientôt et fondèrent les premières familles de la Louisiane. Avant cela, on envoyait des filles de la maison de correction telles que Manon Lescaut qui eurent toutes à peu près le même sort de mourir de misère.[18]

Bien que les Indiens fussent les amis des Français, la plupart du temps il y avait de graves difficultés avec les Natchez. La guerre avec cette tribu fut désastreuse et causa des dépenses énormes au trésorier de la Compagnie des Indes qui fut obligée d'abandonner son entreprise en 1731. Même après leur défaite, ces Indiens se coalisèrent avec les Chickasaws et attaquèrent les colons.

En 1700, Saint-Denis accompagna Bienville au pays des Caddos. En 1714, le fort de Natchitoches fut établi sur la Rivière Rouge. Saint-Denis en devint le premier commandant. Comme lui, ses trente hommes étaient Canadians.[19] Il les laissa en charge du fort et alla aux Mexique pour établir le commerce avec ses voisins, car tout l'ouest appartenait à l'Espagne à cette époque. Il y avait un fort espagnol à Los Adaïs, à quinze milles de Natchitoches. Saint-Denis consacra cinquante ans de sa vie au pays. Il mourut en 1745.[20]

Il est à noter que la colonisation de la Louisiane fut en grande partie une oeuvre canadienne, oeuvre de fonctionnaires et de colons de ce pays. Des treize enfants du père de Bienville, Charles Le Moyne, quatre fils se distinguèrent en Louisiane: Pierre d'Iberville, Jean Baptiste de Bienville, Joseph de Serigny et Antoine de Chateaugué. Aussi, deux fils de sa fille, les sieurs de Noyan et quatre de ses cousins, les sieurs La Sueur et de Boisbriant et les deux sieurs Juchereaux de Saint-Denis. Tous venaient de Montréal. Naturellement, un grand nombre de colons venaient du Canada.

[17]Gayarré, *Histoire de la Louisiane*, V. I, p. 230.
[18]*Ibid.*, p. 235.
[19]Martin, *History of Louisiana*, p. 117.
[20]Portré, Germaine, *Natchitoches, The up-to-date Oldest Town in Louisiana*, Dameron-Pierson Co., Ltd., New Orleans, La., 1936 p. 32.

Comment voyageaient les colons dans ces vastes forêts entre les deux extremités de la Nouvelle-France? Les historiens nous disent qu'on allait de la Nouvelle-Orléans en pirogue sur le Mississippi jusqu'à l'embouchure de l'Ohio qu'on remontait jusju'à la rivière Miami, ensuite il y avait un portage de deux lieues vers une rivière qui tombait dans le lac Erie. Là, on prenait un canot pour descendre le Saint-Laurent jusqu'à Québec.

Tisné en 1704 voyagea de Montréal à la Mobile avec une douzaine d'hommes en trois mois—1,200 lieues.[21] Ces premieurs colons, nous répètent les historiens, ne s'intéressaient pas à la culture de la terre. Soit pour raisons de climat, soit pour manque d'industrie, la colonie en subit les conséquences. Cette condition fut améliorée dans les circonstances suivantes:

Les Acadiens qui furent expulsés de l'Acadie en 1755, arrivèrent en Louisiane en petits groupes échappés de la Georgie, des Carolinas et du Maryland.[22] En 1764, il en vint 473 de St. Domingue et de New York.

"En tout, on a estimé que plus de 4,000 entrèrent en Louisiane. C'était un tiers de la population de la colonie."[23]

Foucault, ordonnateur de la Louisiane, annonça ainsi en 1764 l'arrivée des Acadiens à la région qui leur fut donnée, devenue depuis celle qui demeure la plus fidèle aux ancennes traditions:

"Pauvres et dignes de pitie, je n'ai pu me refuser de leur accorder subsistance jusqu'à ce qu'ils aient choisi des terres au quartier des Attakapas et des Opélousas et qu'ils soient en état de se passer de secours.[24]

Il ne faut pas oublier que les fonctionnaires aussi avaient un problème à résoudre. La lettre suivante écrite par le commandant militaire Aubry en avril 1765 démontre ce fait:

"J'ai l'honneur de vous marquer l'arrivée de quelques familles acadiennes. Nous en attendons d'autres de jour en jour. J'avais projété de les placer sur ce fleuve et le plus proche de la ville; cet arrangement n'a pas pu avoir lieu, parce que ces terres noyent. Je les ai laissées aller aux Attakapas (distants de 60 à 80 lieues).

Cet établissement pourra procurer avant peu de grands

[21]Lauvrière, *Histoire de l'Acadie et de la Louisiane*, p. 289.
[22]Lauvrière, *La tragédie d'un peuple*, V. II, p. 205.
[23]*Ibid.*, p. 367.
[24]*Ibid.*, p. 207.

Maison Acadienne D'autre Fois

avantages à la colonie, car dupuis la cession de la Mobile, nous manquons absolument de bestiaux et dans l'endroit où seront placés ces Acadiens, il y a des prairies admirables. En six jours l'on ira facilement par un canal appelé le bayou de Plaquemines."[25]

Une lettre du 30 avril parla encore de la venue d'autres Acadiens qui furent envoyés dans la même région.

Les Acadiens presentèrent de la monnaie de cartes, certificats des ordonnances signés: Bigot, Boisbriant, Vergor et Niverville et remontant de 1760 à 1752. Personne n'en voulait. Les cartes fournirent les noms de Brossard, Trahan, Braud, Bernard, Boudrot, Poirier, Roy, Bourgeois, LeBlanc, Thibaudeau, Arseneau, Guilbeau, Cormier, Doucet, etc. (Tous sont des noms très répandus à l'heure actuelle dans la région autour de la ville de Lafayette).

La citation suivante nous apprend l'état de santé de ces malheureux qui furent exposés dans leur pérégrination à toutes sortes de situations déplorables. Aubry décrivit:

"Lorsque j'ai rendu compte de l'arrivée d'une soixantaine de familles acadiennes venues de St.-Domingue, je ne croyais pas qu'elles seraient suivies de beaucoup

---

[25]*Ibid.*, p. 208.

d'autres qui arrivent continuellement et que la Louisiane allait bientôt devenir une Nouvelle Acadie. J'ap-
prends à l'instant qu'il y en a 300 dans le fleuve tant
hommes que femmes et enfants. Ce n'est plus présente-
ment de centaines que l'on parle, mais de milliers. On
dit qu'il y en a au moins 4,000 qui viennent fixer à la
Louisiane leur destinée errante depuis dix ans. Cet
événement inattendu me jette, aussi bien que M. Foucault, dans le plus grand embarras; rien n'est prévu
pour recevoir et placer une peuplade si considérable,
et la circonstance où nous nous trouvons est des plus
critiques; jamais la colonie n'a été aussi dépourvue de
vivres qu'aujourd'hui. Pour combler le malheur, ils ap-
portent avec eux la petite vérole—Les Acadiens sont
laborieux, braves, religieux, attachés à leur prince et à
leur patrie au delà de toute expression. Je les ai con-
nus dans l'Angleterre; ils n'avaient jamais dans la
bouche que le mon de la messe et du Roi. Ils renais-
sent à la Louisiane et y feront des merveilles si on les
aide un peu."[26]

Une lettre du Ministre de la Marine, datée du 13 septembre
1766, révéla la manière dont on faissait la propagande à cette
époque, car Saunier, Acadien de la Louisiane, ayant écrit à son
père au Havre les avantages du sol et du climat de ce pays, tous
les Acadiens du Havre voulaient s'y rendre.

Encore une notation de Foucault écrite le 18 novembre
1766:

"Il nous est arrivé il y a près d'un mois et demi 216 personnes acadiennes partant d'Halifax sur un bateau anglais qu'elles avaient loué à leurs frais."

Les Acadiens s'établirent sur les deux rives du fleuve jusqu'à
Baton Rouge en une région qu'on appela "Côte des Acadiens."
Ils déposèrent dans l'église de Saint-Gabriel ce qu'ils avaient
rapporté de plus précieux de l'Acadie—les régistres paroissiaux
de St-Charles des Mines de 1688 à 1755. Malheureusement, la
grande inondation de 1893 n'en a laissé subsister que les volumes
de 1707-1748.

Mais le sort des Acadiens continue dans la voie de la tris-
tesse, car la Louisiane venait d'être cédée à l'Espagne en 1763.
Ils se joignirent au parti de Lafrenière pour protester au Roi
disant:

---

[26]*Ibid.*, p. 209.

"Nous Acadiens, soussignés, nous conformons en tout à
la représentation faite au Conseil Supérieur par les
habitants et nous promettons de sacrifier nos biens et
nos vies pour demeurer toujours Français et ne jamais
passer sous la domination espagnole."[27]

Après la révolution des trois jours, 28, 29 et 30 octobre 1768,
O'Reilly forma le gouvernement espagnol et il y eut une ère de
prospérité dans la colonie. Le gouvernement espagnol solicita les
Acadiens pour venir en Louisiane.

En France, la guerre était terminée et le gouvernement tint
sa décision première de laisser partir qui voudrait. Il ordonna
même que tous les arrérages des soldats fussent payés aux Acadiens afin qu'ils pussent payer leurs dettes et s'embarquer après
quoi, c'est-à-dire du premier janvier 1785, la Cour d' Espagne
continua la solde. Au printemps de 1785, tout fut prêt et l'exode
acadien d'environ 2,500 personnes passa en Louisiane.[28]

Nous citons ici en forme de résumé la description du dernier
groupe arrivé en Louisiane:

"De 1780-1788 il partit de France pour la Louisiane plus
de 2,000 Acadiens. Lorsqu'ils arrivèrent en Louisiane
ils trouvèrent d'autres Acadiens en assez grand nombre
qui déjà y étaient installés depuis 15 à 20 ans, les uns
venus directement par mer de New York ou d'Halifax;
les autres partis de France après la paix, avaient passé
par les Antilles ou par Saint-Domingue avant de se
diriger sur le Mississippi. Ils furent généralement
installés en deux cantons: l'un sur le littoral même du
fleuve, en amont de la Nouvelle-Orleans; l'autre dans
l'interieur des terres à 16 lieues au sud de cette ville,
aux Attakapas; c'est sur ce dernier lieu que le plus
grand nombre d'entre eux se dirigea et leur descendance
y est plus compacte, plus homogène et dix fois plus considérable que sur la côte du Mississippi. Là ils se sont
particulièrement adonnés à l'élevage du bétail par troupeaux immenses; leurs enfants se sont étendus des
Attakapas dans les Opelousas et de là jusque dans les
cantons voisins de La Fourche et d'Iberville.[29]

En 1790, il y avait environ 4,000 Acadiens en Louisiane,
600 sur les bords du fleuve et 3,400 au sud du Bayou La
Fourche.

---

[27]*Ibid.*, p. 212.
[28]Arc. Min, Aff. Extr. Corresp. Pol. Espagne, Vol. 616, f. 269.
[29]Rameau de Saint-Père *Une colonie féodale en Amerique-L'Acadie*,
Montréal 1889, V. II, p. 236-237.

Durant le séjour que je fis en Louisiane chez mon excellent ami, Eugène Dumez, éditeur de Méchascébée, j'ai vu de près plusieurs de leurs descendants qui peuplent les rives du Mississippi, et j'ai pu me convaincre par la considération et la juste estime dont ils étaient entourés qu'ils n'ont point démerité de leurs aïeux. Aussi l'influence de la religion catholique au Canada a-t-elle été infiniment plus active et plus fortifiante qu'en Louisiane, sur les âmes et sur le peuple tout entier. Encore les Louisianais ont-ils presque partout des prêtres venant de France, qui parlent leur language, qui se rapprochent d'eux par leur origine et par des traditions communes. Mais il n'en serait pas moins beaucoup mieux sous tous les rapports, que le clergé de cette contrée se rattachât plus étroitement à la population au milieu de laquelle il exerce son ministère.''

L'Abbé Casgrain fit un pélerinage au Bayou Tèche.[30] Il entendit l'arrière neveu du brave notaire LeBlanc, raconter l'odyssée de ses grands-parents depuis le Bassin des Mines jusqu'à Philadelphie, aux Antilles, du cap Français à Baton Rouge et de là aux Attakapas. Il apprit que les Acadiens avaient participé à la Guerre Civile où le général Mouton fut tué. C'était le fils d'Alexandre Mouton, sénateur et gouverneur de l'Etat de la Louisiane, donc ils étaient devenus de bons citoyens américains. Il les a vus au village de Thibodaux, sur le Bayou La Fourche, arriver en petite charrette (1890) à léglise comme au temps de Port Royal et de Grand Pré.

Le Frère Antoine Bernard donne dans l'appendice de son beau travail *"Le Drame acadien depuis 1604"*[31] une description du "voyage du souvenir" fait par les "Evangelines" de la Luisiane à celles d'Acadie en 1936. Cette visite fut rendue depuis par un voyage d'Acadiennes en Louisiane et il semble bien que ces échanges deviendront une coutume établie.

C   *Les Avoyelles*

Nous abordons maintenant notre sujet principal: l'histoire et la géographie de la paroisse des Avoyelles. Nous nous proposons de tracer le développement de cette région du début de la colonie jusqu'à l'heure actuelle. Pour celà, il faut parcourir les trois périodes distinctes de son gouvernement à savoir: française,

---

[30]Casgrain, H.-R. *Un pélerinage du pays d'Evangeline*, Paris, 1889, p. 159.
[31]Les Clercs de Saint-Viateur, Montréal, 1936.

espagnole et américaine. Ensuite, nous devons donner un aperçu
de la vie au Poste des Avoyelles sous tous ses rapports complété
par celui de la Paroisse des Avoyelles.

Quand Bienville et Saint-Denis montèrent la Rivière Rouge
la première fois en 1700, ils virent un petit village de sauvages
situé à peu près trente-cinq milles de l'embouchure de la Rivière Noire. Bienville crut qu'ils étaient une branche des Taensas et les nomma petits Taensas. Plus tard, on appris que
c'était la tribu des Avoyelles, branche des Natchez. Bernard
de la Harpe fut le premier à les décrire après sa visite faite à
ces Indiens au bord de la Rivière Rouge en 1718.[32] Il est évident
qu'ils furent de tout temps amis loyaux des Français si l'on prend
le témoignage de Bernard de la Harpe comme preuve. Ils nous
dit :

> "Ils nous firent présent de quelques quartiers d'ours et
> de chevreuil ; je les retins pendant quelques jours pour
> chasser. Ils me tuèrent dix chevreuils et un ours, quan-
> tité d'outardes, de canards, quelques lièvres et plusieurs
> écureuils, ils me pêchèrent aussi beaucoup de poisson ; je
> leur fis présent de deux fusils."

La tribu des Avoyelles fit le commerce avec Saint-Denis et
l'aida au début de son séjour dans la région.

Divisions administratives de la Louisiane sous le régime français 1699-1763

Ce vaste domaine que l'on appelait la Louisiane était sans
limites définies au 18ième siècle ; on le connaissait très peu
d'ailleurs, mais tout de même il fallait faire un plan pour l'administrer. Pour cela, il fut divisé en neuf parties que l'on appela : 1. Alibamas, 2. Arkansas, 3. Biloxi, 4. Illinois, 5. Mobile,
6. Natchez, 7. Natchitoches, 8. Nouvelle Orléans, 9. Yazoo. Cette
division fut faite en 1721. La région que l'on appela Natchitoches
était composée de presque toute la Louisiane actuelle moins la
région autour de la Nouvelle-Orléans. Naturellement, les Avoyelles faisaient partie de Natchitoches.

Nous avons déjà vu que Saint-Denis fut envoyé au poste de
Natchitoches au début du 18ème siècle. Alors, ce fut lui qui dirigea ou administra le district jusqu'à sa mort en 1745. Les ad-

---

[32]Margry, *Découvertes*, p. 249, 408, 409.

... ... en nos ... Jan le 28 9bre 1783

Jacques Garguean

... devant nous Jacques Garguean
Commandant Civilles aux avoyelles
a Comparus en personne le ... Dominique
Colos qui de ses ... Bonne volontée
a Confessée et Reconnais devoir est
promit payer aux ... ... Rababuis
... ... a point ... détailville
de ... présent voyage la somme
de soixante quatre ... piastres ...
valleur Reçus aux avoyelles le
3... 9bre 1783 ... caco

Jacques Garguean

Au Poste des avoyelles le vingt
Sixieme jour du mois de juillet de
L'année mil sept Cent quatre vingts treize
pardevant moi julien Poidras juge de
Commission, et En presence des Sieurs
jean Thomas Saigné, et Louis Gusey mes
d'assistance, Est Comparu hier

Aujordhuit Le vingt un de sept
tembre De lanes milles sept Cent
quatre Vingt onze pardevent
mois Noel Boileau ou sieur din
fanterie et Commendant Civilles
Et militer Du poste et Destrique

ministrateurs étaient appelés commandants civils et militaires. Ils étaient responsables au gouverneur à la Nouvelle-Orléans. Que Saint-Denis ait été bon administrateur, c'est un fait constaté par tous les historiens. La prospérité regna à ce poste pendant les premières années.[33]

En 1750, il y avait 70 personnes à Natchitoches.[34] On cultivait le blé et le riz, mais l'industrie la plus considérable était l'élevage du bétail. C'est aussi à cette époque que la culture de la canne à sucre fut introduite en Louisiane. Fortier dit:

> "La canne fut introduite en Louisiane en 1751 par les Jesuites. Elle venait de Saint-Domingue. Pendant plusieurs années, on ne la cultiva que pour produire du sirop et une sorte de rhum nommé tafia. La culture de l'indigo était la plus lucrative pendant longtemps, mais en 1793 et en 1794 un insecte dévasta la récolte d'indigo et les planteurs furent presque ruinés. Ce fut alors qu'Etienne de Boré résolut de cultiver la canne à sucre sur une grande échelle."[35]

Divisions sous le régime espagnol, 1763-1803

Au milieu de cette ère de progrès, la colonie subit un choc violent qui pour un moment secoua ses fondations administratives. Après cette interruption la Louisiane continue son chemin dans la direction du progrès et des améliorations.

Le régime espagnol 1763-1803: Quand Louis XV fit cadeau de la Louisiane à son cousin Charles III en 1763, le gouvernement continua plus ou moins à administrer le pays de la même façon que les Français jusqu'à ce que O'Reilly y fût envoyé en 1769. Celui-ci organisa la colonie à sa manière. Il divisa la Louisiane en onze régions: Illinois, Natchitoches, la Côte des Allemands, (Paroisse Saint-Charles), 2e Côte des Allemands, (Paroisse de Saint-Jean Baptiste), La Pointe Coupée, Opelousas, Côte d'Iberville, La Fourche des Chitimachas, Kabahan, Rapides et Sainte-Geneviève. Dans cette nouvelle organisation, le pays des Avoyelles se trouva dans le district de la Pointe Coupée.

Comme auparavant, l'administrateur de chaque district était le commandant civil et militaire du poste.

O'Reilly abolit le Conseil Supérieur et institua le système

[33]Martin, op. cit. p. 137.
[34]Lauvrière,*Histoire de l'Acadie*, C. F. *Histoire de la Louisiane*, p. 307.
[35]*Les planteurs sucriers de l'ancien régime en Louisiane*, Paris (Extrait de la Revue Synthèse Historique) 1906, p. 1.

espagnol de justice. Il établit le Cabildo, consistant en six directeurs, deux alcaldes, un avocat général et un commis.

Il s'opposa à l'esclavage des Indiens et même à celui des noirs quant à la nouvelle importation de l'Afrique, mais les besoins de l'industrie de la canne à sucre modifièrent cette règle plus tard en 1799.

Il changea les lois sur les concessions des terres. Les concessions sur les rives du fleuve ne devaient pas être de 6 ou 8 arpents de large (toutes furent de 40 arpents de profoundeur) à moins que le concessionnaire ne promît de faire une levée, un chemin de 40 pieds de large et d'éclaircir le devant de la terre sur une distance de 2 arpents de profoundeur. On ne faisait pas de concessions de 42 arpents de large à une personne sans qu'elle eût cent têtes de bêtes à cornes, plusieurs chevaux, plusieurs moutons et deux esclaves. Toutes les concessions furent faites au nom du Roi par le gouverneur de la colonie.

Pendant ce régime, il eut plusieurs améliorations, telles que la construction de canaux, de fortifications, l'établissement d'un système d'impôts pour la ville de Nouvelle-Orléans; le premier journal: "Le Moniteur de la Louisiane," etc., mais il y eut aussi des désastres, tels que des épidémies de fièvre jaune et de petite vérole, des ouragans, une révolte d'esclaves, etc.

La question du commerce sur le Mississippi était la principale pour les colons de ce temps, autant pour les colons anglais que pour les autres, car les pelleteries et le bois étaient des ressources importantes. Quand le gouvernement espagnol ouvrit le fleuve au commerce il y eut beaucoup de jubilation. Les "Kentoucks" (gens du Kentucky) faissaient des voyages à la Nouvelle-Orleans très fréquemment.

En 1750, il y avait 200 personnes à la Pointe-Coupée. L'on y cultivait le tabac, l'indigotier et d'autres plantes. Le figuier fut introduit de la Provence, en France, et l'oranger d'Hispaniola.[36] Le bétail, comme dans les autres parties de la Louisiane, était important.

La Révolution: Par le traité de Fontainebleau en 1762, la Louisiane à l'ouest du Mississippi, avec la Nouvelle-Orleans, devint une colonie espagnole. La nouvelle jeta les colons dans une profonde consternation. Lafrenière, procureur-géneral, convoqua une assemblée où l'on décida d'envoyer Jean Milhet à Paris pour protester devant Louis XV. Le Ministre, Choiseul, le reçut et refusa qu'il vît le Roi. Bienville à l'âge de 86 ans s'intéressa au sort de son ancienne colonie mais ses démarches furent vaines.

Ulloa, le premier gouverneur espagnol, fut renvoyé par le Conseil Supérieur en 1768. Une assemblée de délégués de toutes les paroisses se réunit pour tâcher de former une armée de 7,500 hommes. O'Reilly arriva d'Espagne en 1769 pour mettre de

---

[36]Martin, op. cit. p. 157.

l'ordre dans le gouvernement. Des quatorze chefs de la révolution, il en condamna cinq à mort: Lafrenière, Milhet, Noyan, Carrasse et Marquis. Alors que les autres passèrent au Château Morro à la Havane. Dans l'histoire, on les appelle *les martyrs*.

Leur conduite amena la révocation de la promesse faite par le gouvernement espagnol de ne pas changer la forme du gouvernement de la Louisiane française.

Les gouverneurs: Le premier gouverneur espagnol fut Ulloa qui arriva en 1766. Homme de science et de lettres, il ne plut pas aux colons qui voulaient demeurer français. Comme le gouvernement espagnol avait promis de ne pas changer le gouvernement de la Louisiane, Ulloa s'attendait à une administration calme. Après sa démission, "Bloody O'Reilly," car c'est ainsi qu'on l'appela après l'événement des martyrs, mit les choses en ordre. Il laissa Don Louis d'Unzaga comme gouverneur de la colonie. Celui-ci fut tolérant et patient avec les Louisianais qui s'obstinèrent à garder leur langue et leurs coutumes. En 1777, Unzaga fut remplacé par Bernardo de Galvez qui avait 21 ans. Ce dernier dirigea la colonie de façon à plaire à la population mieux que nul autre. Il fut liberal quand il s'agissait du commerce, ce que les colons appréciaient plus que tout. Il fut excellent militaire contre les Anglais en Floride. En 1783, il fut envoyé à Cuba et Estavan Miro prit sa place à la Nouvelle-Orléans. Celu-ci-reçut un salaire de 4,000 dollars. Quoiqu'il ne fût pas aussi brillant que son prédécesseur, il eut une administration éclairée et tolérante. Il fit plusieurs améliorations, notamment l'établissement d'un hôpital pour la lèpre sur une petite colline près de la ville. (Cet hôpital a continué dans l'Etat de la Louisiane mais fut transféré à Saint-Gabriel). Miro fut liberal avec les Indiens, comme Galvez. Il institua le système de passeport pour les voyageurs. La vente à l'enchère des esclaves fut défendue. C'est le Baron de Carondelet qui lui succéda en 1791. Ce dernier s'intéressa au commerce, à la construction des canaux, de fortifications, à l'instruction, à l'église, à la manufacture du sucre. Il fut promu par son gouvernement et alla à Quito, S. A. Manuel Gayoso de Lemos devint gouverneur en 1797. Il mourut deux ans après. On nomma Bouligny (militaire) et Vidal (civil) gouverneurs pour le remplacer. La Louisiane redevint française par le traité d'Ildefonso, 1800, mais Napoléon la vendit aux Etats-Unis en 1803.

Ce nouveau changement de gouvernement se passa à la Nou-velle-Orleans et les colons à l'intérieur ne se rendirent pas compte tout de suite de ce fait. Les commandants espagnols des differents postes continuèrent à exercer leurs pouvoirs jusqu'en 1805.

L'administration américaine: La jeune nation des Etats-Unis marchait à pas de géant. Les frontières s'étendaient vers l'ouest rapidement et bientôt on arriva au fleuve du Mississippi. Le problème était le transport des produits, car pour arriver aux ports de l'Atlantique, le voyage était lent et dispendieux, surtout par les montagnes. Le gouvernement français, d'abord, et le gouvernement espagnol, ensuite, imposèrent des restrictions sur la navigation du Mississippi. Des discussions interminables s'élevèrent sur le sujet, principalement dans l'Etat de Kentucky, car l'on y cultivait le tabac. L'Espagne acheta deux millions de livres de tabac des Américains en 1790, payant huit sous la livre tandis que la France payait six sous et les Etats-Unis même moins.[37] Alors on chercha à transporter le tabac à la Nouvelle-Orléans, ce qui était beaucoup plus avantageux pour les cultivateurs de tabac aussi bien que pour les commerçants. Quand l'intendant Morales ferma le fleuve à la navigation américaine, l'événement causa une grande confusion. Les uns voulurent même se joindre à la colonie espagnole afin de pouvoir faire le commerce sur le fleuve à leur gré, les autres optèrent pour la violence afin de se procurer le port désiré.

"Le Mississippi est à nous par la loi de la nature," proclament sans se lasser leurs gazettes. "Nous n'empêchons pas les Espagnols et les Français de le remonter jusqu'à nos villes; qu'ils nous laissent le descendre! La mort de son beaufrère (de Napoleon) Leclerc à Saint-Domingue lui a porté un grand coup. Les désordres dans l'île dérangent ses plans antérieurs. La stupide décision du Marquis de Salcedo suspendant sans raison le privilège accordé aux Etats-Unis de posséder un entrepôt de commerce à la Nouvelle-Orleans a porté à son comble l'indignation publique. Partie du Kentucky et du Tennessee, elle a gagné à l'unanimité des Etats."[38]

Telles étaient les conditions quand l'on apprit que l'Espagne avait cédé la Louisiane à la France. La crainte que le plan de

---

[37]Fortier, Vol. II, p. 203.
[38]Georges Oudard, *Vieille Amérique, La Louisiane au temps des Francais*, p. 277, Paris, Librairie Plon, 1931.

Morales soit suivi par les Français jeta le peuple dans une véritable consternation.

Le Congrès discuta la question et autorisa des démarches auprès du gouvernement français dans le but de se procurer un port ou un débouché à l'entrée du fleuve. Jefferson, le président, envoya James Monroe à Paris pour en discuter. A ce moment, Napoléon se préparait pour la guerre avec l'Angleterre. Il comprit que son ennemi voulait la Louisiane; aussi avait-il besoin de fonds pour cette guerre, il offrit de vendre la colonie. Comme Monroe et Livingston, ministre americain en France, n'avaient pas l'autorisation de l'acheter toute, ils hésitèrent. Le prix était trop élevé. Finalement, le Premier Consul fixa le prix à $15,-000,000 et l'on accepta sans avoir le temps de consulter le Congrès ou les habitants de la Colonie.

Il y eut des discussions et des débats animés dans le Congrès des Etats-Unis. Les uns trouvèrent le prix trop élevé, les autres trouvèrent que la constitution ne permettait pas de telles transactions. Tout de même, W. C. C. Claiborne reçut de Laussat à la Nouvelle-Orleans, l'échange de la Colonie vingt jours àpres que Laussat l'avait reçue du représentant espagnol en 1803.

Ce fut au tour des Louisianais de discuter et de se demander comment on pouvait leur faire de telles choses, à eux qui avaient déjà manifesté leur amour de la liberté et l'attachement qu'ils éprouvaient pour leur langue et leurs traditions. Ce deuxième coup inattendu leur semblait impossible et insupportable. Ils ne comprenaient ni la langue ni les institutions anglo-saxonnes. La lutte commença en Louisiana entre les deux groupes, lutte qui peut-être durera toujours. Heureusement, Claiborne était tolérant et maintenait autant que possible la paix entre les deux factions de ses constituants.

Après la mort de sa femme, il se remaria avec une Louisianaise. Etait-ce un geste de reapproachment? On l'a dit.

Venant du Kentucky et ayant été gouverneur du territoire du Mississippi, il organisa le gouvernement d'après celui qu'il connaissait le mieux; c'est-à-dire que le gouverneur du territoire fut appointé par le président de la république et le Conseil Législatif fut composé de treize personnes choisies par le président annuellement.

On installa le nouveau gouvernement en 1805. Ainsi, les

commandants des differents postes servirent sous trois drapeaux dans l'espace de deux ans.

Le premier acte du gouvernement fut de diviser en douze comtés le territoire: Acadia, Attakapas, Concordia, German Coast, Iberville, Lafourche, Natchitoches, Opélousas, Orléans, Ouachita, Pointe-Coupée et Rapides. Il est à noter que le nom des Avoyelles n'y est pas. Il fit partie du comté de Rapides, région voisine, jusqu'en 1807 à la seconde session de la première convocation ou assemblée législative. L'on divisa le territoire en dix-neuf paroisses. Les Avoyelles furent la seizième. Bien que l'on fît cette nouvelle division, l'on garda la première jusqu'en 1844 quand le nom de comté disparut de la nomenclature de la Louisiane.

Le comté servit de base pour élire les représentants et le système d'impôt. Le mot "paroisse" exista dès le début pour designer une division ecclésiastique, sous le régime espagnol aussi bien que le régime français. Alors, on l'a simplement employé pour désigner une division d'état ou de gouvernement. Cela sembla tout natural et logique aux esprits de l'époque.

Pour le système de justice, l'on divisa le territoire en cinq districts dont le quatrième était les paroisses de Ouachita, Rapides et Natchitoches. (Les Avoyelles faisait partie de Rapides).

Le procédé démocratique de voter pour ses représentants commença en 1806 quand vingt-cinq membres furent élus pour la session de cette année. Cinq membres furent nommés par le président. Quelques années après, en 1811, une convention fut autorisée par le président et le Congrès pour former une constitution. On s'assembla à la Nouvelle-Orleans et l'on choisit Julien Poydras comme président de la Convention. A cette mémorable assemblée, on adopta la constitution des Etats-Unis, on nomma l'Etat qui se formait "La Louisiane" et on écrivit sa constitution modelée d'après celle de l'Etat du Kentucky.

Rappelons-nous que le fleuve du Mississippi formait la limite à l'époque à l'exception de la Ville de la Nouvelle-Orléans, à l'est de la Louisiane.

En 1810, la partie ouest de la Floride se revolta contre l'Espagne, se déclara libre et indépendante et fit une demande au gouvernement des Etats-Unis pour être incorporée à cet Etat. Ceci fut accompli en octobre 1810 et la rivière de Pearl devint la limite du territoire d'Orléans, car c'est ainsi qu'on le désigna. C'est ainsi que la Louisiane prit sa forme actuelle.

La capitale de l'Etat fut la Nouvelle-Orléans jusqu'en 1848, date à laquelle on transfera le siège du gouvernement à Baton Rouge afin qu'il fût dans le centre de l'Etat.

Le District de la Louisiane: Nous avons vu que, par les explorations de La Salle et d'autres, la vallée de l'Ohio devint française. Le premier fort dans le pays des Illinois fut appelé Saint-Louis. In 1720, l'on construisit Fort Chartres qui fut le plus célèbre dans la vallée du Mississippi. Jean Baptiste Saucier, ingénieur français, fut envoyé par Louis XV pour aider à construire le second Fort Chartres. (La résidence de son fils, François, devint la "maison de Cour" à Cahokia, laquelle aujourd'hui est une attraction touristique à cet endroit). Il y avait six postes dans le pays des Illinois: Cahokia, Saint-Philippe, Fort Chartres, Kaskaskia, Prairie du Rocher et Sainte-Geneviève. Tous devinrent anglais, excepté Sainte-Geneviève, en 1763 par le Traité de Paris. La région à l'ouest du Mississippi fut cédée à l'Espagne. En 1764, Laclède fonda le village de Saint-Louis.[39] Ce fut l'endroit préféré des colons qui voulurent quitter le territoire anglais à l'est du Mississippi. En 1710, il y avait à peu près 500 personnes. A Saint-Louis, on y avait construit cent maisons de bois et quinze de pierre. Les conditions pendant ce régime étaient en somme les mêmes que celles de la Basse Louisiane. L'on garda la langue et les coutumes.

A l'époque actuelle, si l'on viste le site des vieux forts, tels que Cahokia, Kaskaskia, Sainte-Geneviève, Fort Chartres et Prairie du Rocher, l'on trouve quelques vestiges des traditions de sa première culture. On y a gardé la langue et les moeurs de ses ancêtres.[40] Parmi ces traditions, se trouve celle de la guignolée du jour de l'an.

Le 9 mars 1804, les troupes américaines traversèrent le Mississippi à Cahokia sous le commandement de Norrall, Stoddard et Lewis et allerent au poste du Colonel de Lassus, commandant espagnol. A cet endroit, il n'y eut pas de double session entre les Français et les Espagnols, le drapeau américain tout simplement prit la place de celui de l'Espagne. Les postes qui

---

[39]Fortier, Vol. II, p. 308.
[40]Carrière, Joseph Medard, *Tales from the French Folklore of Missouri,* 1937.

se rendirent furent: Saint-Louis, Sainte- Geneviève, Nouveau Bourbon, Cap Girardeau, Nouveau Madrid, Carondelet, St. Andrew, Saint-Ferdinand, St. Charles, Portage des Sioux, Maramek et Missouri.

La population, selon le capitaine Stoddard, était 9,020 blancs et 1,320 noirs dans la Haute Louisiane qui devint le District de la Louisiane.   Selon le même écrivain (l'auteur de "Historical Sketches of Louisiana"), qui devint le premier commandant civil et militaire du district et mourut durant la guerre de 1812, la population de la Basse Louisiane à l'époque était: 41,700 blancs et 38,800 noirs.

Au fur et à mesure que l'expansion se fit vers l'ouest, le district de la Louisiane fut divisé en quatorze Etats dans la Vallée du Mississippi à l'ouest du fleuve.

Si l'on se rend compte de l'accroissement de la population de la région autour de Saint-Louis-Etats de Minnesota, Iowa, Missouri, North Dakota, South Dakota, Nebraska et Kansas, Etats qui autrefois n'étaient qu'une partie de l'immense district de la Louisiane, au chiffre de 12-544,249 âmes en 1920, l'on est d'abord frappé par ce développement fantastique d'une partie du district de la Louisiane dans l'espace d'à peu près un siècle.   Est-il nécessaire de mentionner que le développement de l'agriculture, de l'industrie, du commerce, de l'exploitation des mines étaient en rapport avec l'augmentation de la population?   Voyons maintenant le developpement de ce petit coin dans la vallée du Mississippi que l'on apelle les Avoyelles.

Le Poste des Avoyelles: Pour comprendre ce développement, il faut remonter à 1780 quand, pendant le régime espagnol, les Avoyelles faissaient partie de la division administrative de la Pointe-Coupée.   A cette époque, il y avait plusieurs groupes de colons dans la région dont le premier était situé sur le territoire au nord du lac Perle.   Selon la tradition, le premier colon à s'établir dans cette prairie fut Joseph Rabalais.   Victime d'une inondation dans la Pointe-Coupée, il cherchait un endroit sec.   Il le trouva près de ce lac.[41]

Bientôt, ses amis le suivirent et s'établirent à la façon traditionnelle en une rangée plus ou moins étroite, les uns à coté des autres.   Leurs terres mesuraient toutes quarante arpents de pro-

---

[41]*American State Papers—Public Lands,* Vol. II, pp. 671, 710, 712.

Résidence d'Horace Pierrite, seul sauvage Tunica, près de Marksville. La construction suit le style de celles des pionniers de la paroisse.

fondeur. L'expansion de la colonie se continua vers le nord où la terre est plus haute et séche. Avant bien des annees, on arriva à la terre des Indiens appellée Petits Taensas par Bienville lorsqu'il fit son premier voyage dans ces lieux.

Il était donc naturel que ces Indiens se plaignirent ou gouverneur Galvez du fait que les blancs étaient en train de les chasser de leurs terres. C'est ainsi que Galvez envoya Jacques Gaignard en 1780 comme commandant civil et militaire pour leur rendre justice. Le poste fut appelé Avoyelles puisque les petits Taensas s'appelaient ainsi. D'après les vieux documents, l'endroit de cet etablissement était situé un peu au nord de la petite ville de Marksville, chef-lieu actuel.

L'avantage de ce site est évident puisqu'il était premièrement hors de danger d'inondation, deuxièmement, près de la Vieille Rivière qui tombe dans la Rivière Rouge, tributaire du Mississippi. Cela facilitait le commerce et les relations avec la capitale, Nouvelle-Orléans. Une troisième raison serait de favoriser le groupe le plus considérable de la région et en même temps le centre géographique des differents groupements d'Indiens.

Ces groupements se trouvaient assez éloignés les uns des autres. D'abord, il y avait les Avoyelles dont les terres s'étendaient de la prairie de Marksville jusqu'à la Rivière Rouge. La tribu de Choctaw était près de cent personnes. A cette tribu se joignirent les Pascagoulas en 1795. Les Tunicas joignirent les Avoyelles, les deux groupes venant de la Tribu Natchez, à la fin du dix-huitième siècle. Un cinquième groupe était les Biloxis qui s'établirent à l'ouest des Tunicas, La Coulée des Grues formant la limite entre leurs terres. Selon Swanton, ils étaient des branches des Sioux.[42] De toutes ces divisions il reste seulement trois Tunicas et deux sang-mêlé qui sont dans le village indien près de Marksville.

Donc, il n'y a plus d'Avoyelles. Le dernier mourut au début de ce siècle. Le Page de Pratz, historien français, nous dit que les Natchez, parents des Avoyelles, étaient grands et beaux, ils avaient presque tous plus de six pieds. Ils avaient la physionomie intelligente, franche et noble. Il n'y avait pas d'infirmes parmi eux. Ils vivaient dans des maisons construites de bois brut qu'ils bousillaient avec une composition de glaise, de sable, et de mousse, donnant une épaisseur de quatre pouces aux murs. Le toit était de chaume qui souvent durait vingt ans. Il n'y avait pas de fenêtres et seulement une porte. Leur fête était appelée *Le petit blé*. célébration qui durait plusieurs jours à la fin des moissons de l'année.[43]

Comme chez les autres tribus, les femmes travaillaient; les hommes chassaient et pêchaient. Les femmes faisaient des paniers, des mannes, des petites tables, des tapis qu'elles vendaient par les portes, transportant leurs articles en wagon. Elles marchaient à côté, car elles dédaignaient cette façon de l'homme blanc de se faire transporter. Ces Indiens n'étaient pas belliqueux, alors on leur prenait leurs terres au fur et à mesure. Voilà pourquoi on y envoya un commandant en 1780.

Ce commandant fut Jacques Gaignard qui demeura au poste qusqu'en 1791. Que sait-on de lui? Nous avons peu de documents de son administration. Il semble avoir ménagé le papier. Si l'on en juge par ses procès, il était querelleur. L'affaire Gaignard-Bradley dura douze ans et finalement it la perdit.[44] Il avait peu d'instruction, car son orthographe était incroyablement incorrecte. Son assistant fut Nöel Soileau qui resta au poste pendant vingt-cinq ans, c'est à-dire durant toute son existence.

---

[42]Swanton, John R. Smithsonian Institute *Bulletin No.* 43, p. 26.
[43]*Histoire de la Louisiane* Vol. II, p. 241.
[44]Document No. 60 Archives de la paraisse des Avoyelles.

Moulin à maïs qui faisait la farine de maïs et le gruau au dix-neu
-vième siecle

Le père de Noël venait de Rheims, France, et avait été gardeur
des magasins du roi, au Poste des Natchez.[46] Noël fut instruit
au poste de la Pointe-Coupée. Il épousa Mlle Angelique Mon-
tenan d'Alibamos.

Il semble avoir vécu en grand seigneur. Il avait dix esclaves.
En 1793, Julien Poydras lui envoya un compte de 2,274 pesos
pour de la marchandise. Un peu plus tard, il paya 1,172 pesos
à Dessant de la Pointe-Coupée. Il hypothéqua sa propriéte pour
payer ces sommes. Noël Soileau naquit en 1744 et mourut en
1814, laissant treize héritiers.

[45]Document No. 2052 (83330) Archives du Musée de l'Etat de la Louisiane. *Nouvelle-Orléans.*

Un troisième commandant civil et militaire au Poste des Avoyelles fut Etienne Robert de la Morandier qui occupa cette position de 1790 à 1805.[46] Par le fait qu'il laissa des centaines de documents au Poste, nous connaissons les événements de son administration. Il était exact et méthodique. Ses inventaires étaient complets et bien écrits. De sa vie personnelle, en sait qu'il épousa Marianne Soileau, soeur de son grand ami, Noël. Leur fils, portant le nom de son père, fut capitaine des gradons au Poste. Le père de la Morandier était chevalier de l'Ordre de Saint-Louis et ingénieur de la ville de Montréal; il est assez logique de conclure que Robert était natif de cette ville et qu'il vint à la Louisiane comme lieutenant dans le service du Roi.[47]

Un petit drame politique se passa au Poste en 1793. Apéréto se trouvait à la Nouvelle-Orléans en 1792, sans situation. Sa femme donnait des leçons de musique à la jeune fille du gouverneur, Carondelet. Mme Apereto fit des éloges de son mari auprès de celui-ci évidemment avec le but de lui procurer une posìtion, car apres une entrevue avec le gouverneur, Apéreto fut envoyé au Poste des Avoyelles. Ce nouveau commandant civil et militaire se brouilla avec tout le monde. Il voulait décapiter tous les Français et confisquer leur propriété. Carondelet envoya Julien Poydras de la Pointe-Coupée comme juge de commission au Poste des Avoyelles. Son rapport condamna Apéréto qui fut exilé. Il s'en alla à la Havane avec sa femme et sa fille.[48] De la Morandier et Soileau qui étaient restés au Poste, continuerènt à exercer leur fonction comme auparavant.

Outre les commandants, il est à noter qu'il y en avait trois en 1793, plusieurs fonctionnaires faisaient partie de l'administration du gouvernement: Carlos de Grand Pré qui était Colonel dans l'armée et lieutenant-gouverneur des Postes de la Louisiane; Louis Grisey qui était commandant *per interim;* Joseph Joffrion et Jean-Baptiste Mayeux furent les deux alcaldes pendant les vingt-cinq ans de l'administration espagnole; Marc Eliché qui fut le fondateur de Marksville. Les témoins d'assistànce qui furent également arbitres, procédé nécessaire d'après le

---

[46]Caughy, John Walton *Bernardo de Galvez in Louisiane,* p. 220.

[47]Document No. 72-75 (53317) Musée de l'Etat de la Louisiane, Nouvelle-Orléans.

[48]*Despatches of the Spanish Governors, El Baron de Carondelet,* VI, January 1796—December 1796, W. P. A. of Louisiana, p. 322-329.

[49]Fortier, Alcée *History of Louisiana,* Vol. I, p. 252.

système de l'époque, furent François Tournier lequel devint juge de paix sous l'administration américaine, Pierre Léglise, Baptiste Guillory, Jean Bontant, Daniel Gaspard, Claude Nicolas, Jean Lacombe, Pierre Laborde, Cyprien Lacour et Antoine Lacheney. Les documents écrits et signés par ces fonctionnaires nous révèlent un grand nombre de faits sur les conditions et L'histoire de l'époque. Examinons-les.

D'abord, l'industrie la plus considérable était l'agriculture. A l'époque, on cultivait l'indigotier et le tabac. Le document no 4143 nous apprend que le marchand Poulus acheta trois barils de graines d'indigo d'Hébérard qui l'accusa de ne l'avoir pas payé. Le document no 57-59 révèle que Gabriel Martin avait 311 "carottes" de tabac en 1794. Le prix que l'on recevait pour ces produits variait. Par exemple, le tabac se vendait de vingt-cinq sous à deux dollars par rouleau. M. Forstall paya 207 dollars pour 300 rouleaux.

L'élevage des bêtes à cornes et des porcs aux Avoyelles comme ailleurs dans ce nouveau pays avait une importance considérable dans la vie des gens. Les vastes étendues de terre libre où croissait une pâture épaisse et abondante presque toute l'année se prêtaient fort bien à cette industrie. On n'avait qu'à en tenir compte en les marquant; chose qui n'était pas toujours facile dans ces parages si énormes. Assez souvent, la complication de la situation fournissait l'occasion de querelle et de discorde au poste.

Aussi, la race des animaux était-elle supérieure au point de vue de ténacité. Les porcs se nourrisaient des glands de chênes nombreux et des racines quelconques. Pour ce besoin, ils avaient

Moyen de transport à l'époque de la colonie, au dix-huitième siècle

de bons nez longs. On les appelait "razor backs" puisqu'ils restaient maigres. Les bêtes à cornes de l'époque se limitaient au "beef type" plus ou moins portant d'énormes cornes. Les vaches à lait de ce temps-là donnaient à peu prés un gallon par jour sans le dépasser. Tout de même, l'on vendait du lait et du beurre, car c'est une des plus anciennes industries des Avoyelles.

La pelleterie fut rémunératrice. Selon le document no 57-59 de 1792, l'on vendait des pelleteries de chevreuil à trois dollars pièce. Le document no 25 nous apprend que François Marcotte exigeait 800 dollars de marchandise pour 1200 pelleteries de chevreuil en 1796.

Une industrie qui continua jusqu'à nos jours est celle de tonnellerie. En 1794, Jean Hébérard et Patrick Clark firent vingt-cinq barils de cyprès pour Jacques Gaignard qui ne paya ni les matériaux ni le travail. M. Foutou en fit trente pour une personne qui voulait y mettre de la viande (Document no 5-6 1793).

Une industrie pratiqúee au dix-huitième siècle et qui a disparu depuis est celle des chaussures. En 1791, Baptiste Dupléchain fit un contrat avec E. Stewart (Document 13-14). Dupléchain devait fournir les matériaux et Stewart devait faire le travail. L'année suivante, E. Marshall fit la même promesse à Dupléchain pour le prix d'un dollar par paire de souliers (Document no 12). En février 1794, Jean Hébérard et George Guire signèrent un contrat pour faire des chaussures (Document no 51-53). Comment légalisait-on ces contrats?

Le système local de justice au Poste des Avoyelles opérait dans les cas civils seulement. La plupart du temps, l'on nommait des arbitres, personnes respectées au poste, pour juger ces cas-là. On se querellait assez souvent. Les animaux étaient une source inépuisable de chicane. L'on se plaignait des comptes non payés, des contrats non remplis, des pirogues volées ou déplacées. Pour tout cela, les commandants et leurs "témoins d'assistance" rendaient justice soit eux-mêmes, soit les arbitres. Ils faisaient des inventaires après la mort d'une personne, ou encore après une faillite ou un crime commis par une personne au poste. A ce que nous savons, il y eut trois crimes hors de la juridiction des officiers des Avoyelles. Premièrement, à la suite d'un "Whiskey Party" Patrick Bellamy tua Jean Bérard (Document no 59-67);

deuxièmement, le Docteur Laborde fut accusé d'avoir frappé Villard dont le nez était gonflé et la chemise pleine de sang (document no 59-67) ; troisièmement, Louis, esclave de Noël Soileau tua Augustin ,esclave de Nicolas Chatelain. Ce dernier fut jugé ainsi : que Soileau donnât un de ses esclaves à Chatelain pour remplacer celui qu'il avait perdu. Ces trois cas furent tous envoyés à la Nouvelle-Orléans pour la sentence. Les temoignages furent pris et écrits au poste ensuite envoyés à la capitale (Doc. 19-20).

Autre cas d'un grand intérêt: A la suite de la révolte des esclaves contre leurs maîtres à la Pointe-Coupée, ils passèrent aux Avoyelles et entreprirent de travailler. Le poste de la Pointe-Coupée se plaignit au gouverneur de l'action du Poste des Avoyelles (document 1795-1797 F).

Ces ventes d'esclaves, nous disent des vieillards, se faisaient soit dans un endroit public, soit devant la résidence du maître où les personnes intéressées s'assemblaient. La vente se faisait à celui qui offrait le prix le plus élevé, c'est-à-dire au plus haut enchérisseur. En voisi quelques-unes :

"En octobre 1809, John Evans vendit un esclave nommé Daniel à Thomas Olivier pour 700 dollars, ou plutôt échangea pour une terre de cette valeur, (document no 90-99) ; en 1797, Poisance acheta de Poiret trois esclaves, Annette, Marie et son enfant Mardit pour 3,000 dollars, (document no 29-39) ; en 1794, Forstall vendit à Martin un esclave pour 800 dollars en deux termes, 200 dollars comptant et 600 dollars l'année suivante (document no 57-59) ; Daniel Gaspard vendit à son fils un esclave de Guinée, de 37 ans, s'appelant Toulette, pour 350 dollars dont 150 comptant et le reste en deux notes faites en 1799, (document no 1) ; en 1799, Carlos Pétavin échangea 455 livres de graines d'anil pour une esclave, "Fille forte et sans maladie de la nation Congo", appartenant à Daniel Normand, (document no 13) ; en 1808 Dominique Coco acheta de John Brown une esclave de 80 ans, nommée Geoffry, pour 600 dollars, (document no 1-10) ; en 1809, Pierre Lemoine acheta de Jessie Benton onze esclaves pour 4,000 dollars, nommés : Soloman de 8 ans, Adam de 21 ans, Sara de 13 ans, Charlotte de 21 ans, Jack de 4 ans, Petis de 2 ans, Nancy de 20 ans, Benny de 4 ans, Dixie de 24 ans, quarteronne et ses deux enfants, Jack de 4 ans et Charles d'un an (document no 80-89).

On commença de bonne heure à vendre ou échanger ses terres. Rappelons-nous que les terres avaient toujours quarante arpents de profondeur. La variation des prix est intéressante :

En 1800, Antoine Lacheney acheta une terre de cinq arpents de Pierre Robert pour 85 dollars (document no 32-36) ; en 1797 une terre de dix arpents fut vendue pour 300 dollars avec un "magasin de maïs" et une maison ; en 1792, une terre de dix arpents fut vendue pour 100 dollars ; en 1793, Poulus acheta une terre de dix arpents pour soixante dollars. En 1809 sous l'administration américaine Collins vendit une terre de dix arpents à Desselle pour 700 dollars ; en 1809 Clark vendit une terre de dix arpents avec une maison pour 4,000 dollars (document no 41-44). Ce dernier semble indiquer une ère de prospérité.

Les commandants aux Avoyelles enrégistraient les mariages.

Puisque à cette époque, il n'avait pas de prêtre au poste, il arrivait assez souvent que le contrat était seulement civil. Ce contrat énumérait le bien de la jeune fille et du jeune homme. Aussi, chaque contrat mentionnait les temoins au mariage. En voici quelques exemples :

Contrat de mariage entre Dennis Lemoine et Madeleine Gauthier, Les temoins pour la jeune fille sont Joseph Mayeux et Joseph Lemoine. Celui du jeune homme est Marc Eliché. Le marié possède douze têtes de bêtes à cornes estimées à 60 dollars, deux chevaux estimés à trente-sept dollars. La mariée a 500 dollars. L'on signa ce contrat le 7 août 1797. (Document no 9-13).

Le contrat suivant nous permet d'apprécier la valeur des animaux à l'époque :

Contrat de mariage entre Jean-Baptiste Lemoine des Avoyelles et Marie Elise Ducoté de la Pointe-Coupée. Le jeune homme a onze têtes de chevaux estimés à 168 dollars. La jeune fille a 87 dollars, un "lit garni" à 60 dollars. Le contrat est signé en 1797 (document no 14-17).

Voici le contrat de mariage de la jeune fille de Noël Soileau, commandant au poste. Cet événement eut lieu le 25 juillet 1795.

Elle epousa M. Degréne. La mariée a pour sa dot une terre de cinq arpents estimée à 100 dollars, un lit garni de 40 dollars, un jeu d'assiettes (12), quatre plats, quatre chaudières, le tout estimé à 28 dollars, un cadeau de 68 dollars de son père, quarante têtes de bêtes à cornes, six chevaux, quinze porcs, le tout estimé à 200 dollars. Le marié lui fait un cadeau de 100 dollars qui est un dixième de sa propriété. Les temoins sont Louis Grisey et M. Porsony (Document no 18-22).

La jeune fille de Joseph Joffrion, un "alcalde" au poste pendant les vingt-cinq années de son existence, épousa Michel Pampalon de Québec, Canada, marchand au poste, le 17 janvier 1797. Sa dot consiste en une terre de cinq arpents estimée à 100 dollars et des animaux valant 400 pésos. Le mariage doit être béni dans l'église catholique à la première occasion. Les témoins sont les "témoins d'assistance", le frère de la mariée et Carlos de Grand Pré, lieutenant-commandant des postes des Avoyelles, des Rapides et de Natchez.

Il est à noter que des quatre couples cités, Pampalon était le seul qui put signer son nom. Les autres firent leurs croix.

Ces inventaires se prêtent naturellement à l'étude des moeurs de l'époque. Ces listes dressées par les commandants ou leurs assistants après le décès d'une personne au poste contiennent une abondance de faits sur les conditions économiques au dix-huitième siècle. Malheureusement ,les plus intéressantes sont très longues aussi faut-il se borner aux plus courtes. Voyons celle de Borrel Pope qui mourut le 3 mai 1803 :

Son inventaire mentionne un vieux "capot", un gilet, trois paires de pantalons, trois chemises, quatre mouchoirs, deux chapeaux, cinq paires de bas, une paire de chaussures, un peigne, un tire-bouchon, un moustiquaire, un "capot" de drap, une vieille couverture et un vieux chapeau. Les temoins qui signèrent l'inventaire étaient: N. A. Robinson, Jean-Baptiste Mayeux et Antoine Mayeux (document no 1-2).

Un autre genre différent est celle de Thomas Jones qui mourut en 1792 :

Le 20 février, le commandant et ses témoins d'assistance, Joseph Joffrion et Jean-Baptiste Mayeux se rendirent à la résidence de James Clayton où Thomas Jones était décédé. On dressa la liste suivante: une carabine, un fusil à deux coups, une petite chaudière française, deux cors à poudre de fusil, quatre livres de plomb un petit coffre, deux chemises, un "capot", deux paires de pantalons, une couverte, deux "carottes" de tabac en feuilles, deux pelleteries d'ours, une de chevreuil, un beurrier, une hache, un marteau, une petite pioche, un rasoir, un cors, un petit sac de plumes et un petit bateau (document no 12).

Ces inventaires nous amènent à la conclusion que les gens du poste ne vécurent pas aussi isolés qu'on pourrait le croire superficiellement ou à première vue. Les nombreuses artères de communication servaient et pour le commerce et pour les contacts sociaux. La pirogue, faite en une seule pièce de bois, le billot creusé, était le véhicule favori au poste. Venant de l'Indien, la pirogue était de fait source de liens et de friction. Citons quelques cas: En 1793, un Indien biloxi se plaignit au commandant de Poulus parce que celui-ci s'était servi de sa pirogue sans permission (document no 88 G). Le 20 octobre 1783, Henry Bradley emprunta une pirogue d'un sauvage nommé Duius pour aller à Nouvelle-Orléans. Il ne la remit pas. On lui ordonna de payer vingt dollars au sauvage. Le même document mentionne un reçu de soixante-quatre dollars pour une pirogue fait à Jean Rabalais par Dominique Coco (documents no 4).

Mais la bête noire des commandants était les commerçants que l'on appelait "gaboteurs". D'abord, il faut mentionner ceux qui venaient au poste en bateau de la Nouvelle-Orléans pour vendre de la marchandise, Souvent, cette marchandise ne consistait que de taffia (rhum), car il y avait à cette époque douze distilleries aux environs de la Nouvelle-Orléans. On faisait le commerce de la boisson bien que le gouvernement espagnol en interdît la vente aux sauvages. De la Morandier saisissait la marchandise, imposait une amende de quarante dollars ou emprisonnait le gaboteur pour ces infractions de la loi. On les appelait aussi *Coureurs de côtes* (49).

Les pionniers de ce commerce dont les noms apparaissent le plus souvent sur les documents sont: Michel Pampalon, Gabriel Rousset, Pierre Poulus et Antoine Lafleur appelé Antoine Flores par les Espagnols.

Le gaboteur, en carriole à un ou deux chevaux, existait aussi au poste. Il apportait aux gens de la campagne les articles nécessaires à la vie quotidienne. Il sonnait une petite cloche devant les maisons pour annoncer sa présence et l'on se précipitait à sa voiture avec toute l'animation d'un grand événement.

Finalement, il faut mentionner le gaboteur à pied qui portait sa marchandise sur son dos. Lui, il recevait toujours la bienvenue lorsqu'il arrivait soit pour exhiber ses articles, soit pour loger.

Homme de paix, il donnait rarement inquiétude au commandant. Lorsqu'on ne le payait pas, il fallait bien qu'il cherchât la justice.

Ces marchands ambulants faisant concurrence aux marchands stationnaires dont les principaux étaient: Marc Eliché, Jean Hébérard, Louis Badin et François Fournier. Les historiens nous disent que la grande ambition des pères pour leurs fils était de les établir comme marchands s'ils n'avaient pas de plantations à leur léguer.

La propriété jouissait de plus de prestige que l'éducation. Les conditions ne favorisaient point les hautes études tandis qu'elles rendaient possible l'accumulation des biens matériels. Voilà pourquoi, même l'élite au poste ne pouvaient signer leur nom. Il s'agit du cas de la jeune fille de Soileau qui fit sa croix sur son contrat de mariage. Tout de même, l'on s'intéressait à l'instruction. Un des documents jette un peu de lumière sur ce sujet et nous permet d'apercevoir un petit drame qui se déroula au poste à la fin du dix-huitième siècle. Jean-Paul Timbal demeurait chez Jacques Gaignard pour enseigner à ses enfants à lire et à écrire. Joseph Joffrion alla voir Timbal et lui offrit plus de rémunérations pour enseigner à ses enfants, à lui et à sa soeur. Timbal se laissa entraîner; mais il le regretta bientôt. Il porta plainte au commandant sur la façon que Joffrion l'avait traité. Timbal avait loué une pièce de terre de Joffrion pour cultiver l'indigotier. Après avoir travaillé comme un fou le matin et le soir avant et après les classes aussi bien que les dimanches et les fêtes, il avait réussi; mais juste au moment de la moisson lorsque les graines étaient mûres et faciles à tomber, Joffrion amena tous les chevaux de la prairie dans son "clos"—la récolte d'indigo fut ruinée. Jean-Paul Timbal appela Joffrion un *tartuffe,* l'accusa de maltraiter son père âgé de 80 ans. Bref, il s'en retourna à la Nouvelle-Orléans (Document no 23, le 23 septembre 1791).

La mode de faire les classes chez soi continua pendant un siècle aux Avoyelles. On permettait aux voisins d'y envoyer leurs enfants formant ainsi une école de voisinage.

Une autre forme d'instruction non moins important fut negligée au poste; celle de la religion. Le Père Davion quitta Québec en 1698 pour devenir missionaire dans la vallée du Mississippi. Pendant vingt-cinq ans il resta avec les Indiens tunicas qui étaient à douze milles de l'embouchure de la Rivière Rouge.

Les Tunicas et les Avoyelles se fréquentaient et finalement se réunirent. Il est donc logique de conclure que le Père Davion fut le premier à exercer une influence chrétienne dans la région qui devint plus tard les Avoyelles. Nous savons que les groupements de colons se formèrent autour de l'église dans les autres régions de la Louisiane; aux Avoyelles, la situation était differente. La première église fut construite en 1796 à Hydropolis, endroit entre les villages de Marksville et de Mansura. Le premier prêtre fut le Père Maguière, Carmé. Cette modeste petite église s'appelait Notre-Dame-de-Saint-Carmel. Elle ne fut guerre qu'une mission, car la rareté des prêtres causa des intermèdes sans curé. Le Père John Brady succéda au Père Maguière en 1798, lequel fut remplacé par le Père Lonergan en 1803.[50] Pendant la période de 1804 à 1808, il n'eut pas de desservant. De 1808 à 1812, le Père Buliot venait à intervalle d'Opélousas pour le ministère religieux.

Si on tarda à se procurer un ministre pour les besoins spirituels, il n'en fut pas ainsi pour les besoins corporels. La coutume sous l'administration française d'avoir un chirugien à chaque poste fut continuée pendant celle d'Espagne. Le Docteur Pierre Laborde occupait cette position aux Avoyelles en 1791. Il avait vecu à Opélousas et à la Pointe-Coupée avant de s'établir au poste. Mais les gens du poste se servaient de médecines patentées pour soulager leurs maux. Poulus, marchand ambulant, fut accusé par une dame de lui avoir vendu de la médecine qui lui avait fait plus de mal que de bien (Document no 66).

Le docteur Laborde avait plusieurs activités notamment celle de l'élevage. Un inventaire nous permet d'examiner ses possessions. Nous citons:

"Une habitation de dix arpents, une maison, un magasin à maïs, un "clos", une esclave de quatre ans, soixante têtes de bêtes à cornes et cinq chevaux. Les meubles sont: une table à manger, neuf chaises, trois coffres, trois lits garnis, deux miroirs, une petite table en noyer, huit chaudières, quatre "baquets", une douzaine et demie d'assiettes, quatre plats, trois gobelets, huit cuillères, six fourchettes, trois soupières, trois dame-jeannes dont deux sont pleines de taffia et la troisième de vinaigre. En outre, il y a une quantité de petit "salé", de nombreuses jarres de toutes dimensions, neuf pelleteries

[50]Baudier, Roger *The Catholic Church in Louisiana*. p. 16.

Dame-jeanne dans laquelle on mettait le "petit salé"
au dix-neuvième siècle

de chevreuil, une grande chaudiére en fer, une selle et
une bride." (Document 56-67 le 8 avril 1793).

La plupart des premiers colons venaient de la Pointe-Coupée
òu, nous disent les historians, l'on construisait de petits châ-
teaux. Mais la construction aux Avoyelles ne suivit pas cette
tendance. Il est vrai qu'il y eut exceptions telle que celle de Carlos de Grandpré qui avait ses plans pour construire une magnifique résidence près de Marksville actuel lorsque le brusque
changement de gouvernement lui fit abandonner l'idée. Le style
de maison à toujours été plus ou moins modeste. Voici une description qui pourrait décrire des constructions actuelles. Pierre
Ducoté et sa femme Antoinette Rabalais vendirent une terre de
14 arpents à Julien Poydras laquelle était située entre la propriété de Marc Eliché et celle de François Fournier. Sur la terre,
il y avait une maison construite en bois rond, un hangar à foin,
deux "clos", une petite laiterie, une paire de boeufs, un cheval,

— 41 —

trente-trois chèvres, vingt-trois moutons, quatre esclaves nommés : Sielle, Angeline, Phillipe et Jacques. Le tout fut donné pour une dette (Document 46, le 21 janvier 1800).

Une autre vente de terre nous laisse voir une maison de ce temps-là. William Patrick vendit à Jean Rousset une terre de 10 arpents sur laquelle il y avait une maison de 30 pieds de longueur et 20 pieds de largeur, plusieurs cabanes et un "clos" entouré d'une barrière de perches (Document no 36, le 24 septembre 1799).

Une troisième mentionne le "four" d'ancienne coutume; c'est une vente de terre par Gidgeon Walker à Joseph Carmouche de 14 arpents entre la terre de Joseph François Fournier et celle du Domaine sur laquelle il y avait une maison, un moulin, un four, un poulailler, un petit hangar, des lattes et d'autre bois. La barrière était de perches. Le tout fut vendu pour 250 dollars (Document no 29-39 mai 1795).

Ancienne maniere de cuire le pain

Une quatrième nous intéresse par la variété : Vente de terre de 40 arpents située entre la propriété de Jean Normand et celle de Daniel Roy par Edward Marshall à Bencher, sur laquelle il y avait une maison, un magasin à maïs, une sciérie et deux cuves d'indigo. Le tout fut vendu pour 100 dollars (Document 18-22 le 20 janvier 1796).

Il est à noter que l'on faisait des briques au poste, sinon des maisons en briques, des cheminées en briques. François Stackley fut payé 400 dollars pour en faire en 1800 (Document no 21-23).

Ces documents nous permettent aussi de voir les moyens de voyager. Il ne faut pas s'imaginer que cette colonie fut isolée, car on visitait ses amis et ses parents aux postes de Pointe-Coupée, Natchitoches, Rapides, Catahoula, etc. On voyageait sur l'eau en pirogue, en chaland de toutes dimensions. On étendait une couverte au-dessus pour se protéger du soleil et de la pluie. Le nombre des rameurs variait de un à six et c'étaient généralement des esclaves. On paya à Dubroc vingt dollars pour faire un voyage à la Nouvelle-Orléans et dix dollars pour aller à Fausse Rivière près du poste de la Pointe-Coupée. Ce dernier voyage prit trois jours. Nous savons qu'il y avait deux portages au poste; celui de la Rivière Rouge et celui de Jean Normand.

En outre, on voyageait à pied, à cheval et en charrette à cheval. Vers la fin du dix-huitième siècle, on commença à se procurer des voitures. La première mention d'une calèche date de 1799. En 1808, le juge Olivier acheta une calèche à l'inventaire de Guillaume Gauthier pour 50 dollars (Document 37-54). Déjà, l'on aperçoit la transformation moderne.

La Paroisse des Avoyelles: Nous arrivons maintenant à une nouvelle période de notre histoire: celle de la paroisse des Avoyelles. Nous employerons le même plan suivi pour le développement du poste en ajoutant les nouvelles formes de progrès qui forcément s'imposèrent au fur et à mesure que les années se succédèrent, telles que le journalisme, les banques, les bureaux de poste, les villages et bien d'autres détails.

Le gouvernement du territoire d'Orléans dura jusqu'à 1812 quand il devint celui de l'Etat de la Louisiane. Forcément, il y eut un grand nombre d'accommodements à faire pendant ces années de brusques changements. La Louisiane en deux années passa entre les mains de trois nations: L'Espagne, la France et les Etats-Unis. Elle devint territoire et ensuite Etat. Il est impossible de concevoir les difficultés insurmontables que le gouvernement rencontra dans de telles conditions. L'Assemblée législative de 1805 passa beaucoup de lois qui furent changées plus tard dans le but d'améliorer ces conditions. Ces changements compliquèrent l'étude du gouvernement de cette période.

Il suffit de mentionner encore le fait que cette assemblée divisa le territoire en douze comtés et que les Avoyelles faisaient partie du comté des Rapides. Deux ans plus tard à la seconde session de l'Assemblée, on divisa le territoire en dix-neuf paroisses, les Avoyelles étant la seizième. Il est à noter que l'on garda les divisions de comtés qui servirent pour élire les députés ou représentants du territoire et aussi pour le système d'impôts. Le terme comté disparut en 1844.

Les limites territoriales des Avoyelles furent établies en 1818; mais des discussions sur ce sujet amenèrent plusieurs changements. La ligne au nord (Catahoula) fut définitivement établie en 1842 mais celles à l'ouest (Rapides) en 1847 et au sud (Saint-Landry) en 1848 ne furent pas permanentes avant 1895 quand l'arpenteur C. P. Couvillon donna les limites actuelles.

Le chef-lieu demeura au même endroit du Poste des Avoyelles devenu Marksville, nommé pour Marc Eliché qui donna le terrain pour le local du premier palais de justice. Le village de Mansura et plus tard celui de Bunkie le réclamèrent. Un acte de la Législature en 1842 mit fin aux discussions par une élection qui décida en faveur de Marksville puisque c'est le village le plus au centre de la paroisse.

Le nouveau gouvernement américain créa quatre charges pour diriger le comté ou la paroisse: celles de juge, de shérif, de commis et de trésorier. Il y eut aussi un coroner au début;

Palais de Justice de Marksville

mais il ne devint pas permanent avant 1838. Le personnage le plus important continue à être le juge jusqu'en 1879 quand cette fonction fut abolie. Ce personnage prit plus ou moins les fonctions du commandant de l'ancien poste. Nommé par le gouverneur de l'Etat, pour quatre ans, il administra les affaires de la paroisse qui s'étendirent dans les domaines civil, criminel et de police. Le premier juge à occuper ce siège fut T. F. Olivier. Ses assistants furent appelés juges de paix, qui, eux aussi, dépendaient du gouverneur. En 1807, un acte de la Législature créa l'assemblée de jury de police composée de douze citoyens de la paroisse, choisis par le juge. La convocation de cette assemblée devait se faire le premier lundi de juillet annuellement ou plus souvent à la discretion du juge, pour délibérer sur les besoins de la paroisse tels que les ponts, les levées, les chemins, le bétail en liberté, aussi bien que les questions de finance pour l'administration du gouvernement. En 1811, l'assemblée de jury de police devint élective. Elle commença à fonctionner aux Avoyelles en 1817. La paroisse fut divisée en cinq parties que l'on appela "wards". Chaque "ward" avait droit à un membre. Le développement de la paroisse amena des changements. Aujourd'hui, il y a dix "wards" et treize membres qui constituent le jury de police (les "wards" les plus peuplés ont droit à deux membres) ou l'assemblée législative de la paroisse. Le juge fut président de l'assemblée jusqu'en 1830 alors qu'un des membres fut choisi pour cette fonction.

En 1813, le nouvel Etat de la Louisiane fut divisé en sept districts judiciaires. Les paroisses des Avoyelles, Catahoula, Natchitoches et Rapides formèrent le sixième district. Le premier juge, Josiah Stoddard Johnston, fut nommé par le gouvernement. Il servit jusqu'à sa mort en 1833. Le juge de la paroisse continua comme auparavant.

L'office de shérif qui devint permanent en 1814, continua à être le poste principal du département exécutif de la paroisse jusqu'à l'époque actuelle. La concurrence pour ce poste causa une telle confusion en 1820 que l'on proposa de diviser la paroisse afin d'avoir deux shérifs. Mais, ce plan ne réussit pas. Graduellement, la nouvelle forme de gouvernement s'établit dans l'Etat et dans la paroisse. Elle évolua dans certains détails mais demeura en substance la même qu'au dix-neuvième siècle.

Malgré toutes ces complications de gouvernement, la vie de tous les jours continuait plus ou moins au même niveau qu'auparavant. L'élevage du bétail et l'agriculture se maintenaient et restraient les principales industries. Il est vrai que l'on substitua la culture du coton à celle de l'indigotier. Nous avons déjà vu que l'arrivée d'un insecte qui détruisit celui-ci fut cause de ce changement. La culture du coton commença au début du dixneuvième siècle. En 1804, un nommé Clark possédait un moulin à coton qui était actionné par un cheval. Un moulin de ce genre épluchait trois ou quatre balles par jour. Souvent, on séparait le grain de la soie à la main dans la maison. Les enfants de la famille faisaient le travail, la merè en faisait les vêtements. Aussi, on envoyait du coton en grain à la Nouvelle-Orléans selon les vieux documents du poste. L'industrie se développa graduellement jusqu'à l'introduction du moulin a vapeur dans la paroisse. La plante réussit mieux dans les régions de terre d'alluvion. C'est ainsi que l'on commença à s'établir dans les vallées de la paroisse où la terre produit facilement une balle par acre. Le problème du transport pour les cultivateurs de l'intérieur était assez sérieux. Il fallait le faire en charrette ou à cheval par des chemins bourbeux, souvent presque impassables. Ce fait explique pourquoi le système de grandes plantations se développa aux bords des rivières avant partout ailleurs. En 1840, l'on moissonna 17,500 balles de coton aux Avoyelles. Il y avait alors plusieurs plantations de coton telles que celle de William Grimes dans le premier "ward" sur la Rivière Rouge, celle de Dominique Coco, fils, sur le Bayou Rouge (l'endroit devint plus tard Cottonport), celle du Major Irion près de Bunkie, celle de T. P. Frith à Evergreen, celle de E. Gauthier à Moreauville, celle de G. B. Genin à Simmesport, celle de M. Oden à Odenburg et celles des Joffrion à Mansura. Le travail était fait par les esclaves qui étaient admirablement adaptés au climat et à la façon de cultiver la terre. Bien entendu, il fallait un économe pour les diriger. Chacune de ces plantations avait son moulin pour éplucher et emballer le coton. L'apogée du système et de la prospérité de la paroisse fut en 1860 alors qu'il y avait cinquante-deux bateaux qui naviguaient sur la Rivière Rouge. Souvent, treize passaient par jours pour ramasser les produits et les transporter à la Nouvelle-Orléans.

Moulin à sirop du style commun à presque toutes les communautés rurales de la paroisse. On aperçoit les cannes à sucre prêtes à passer sous les rouleaux. Au-delà, on voit sur une élévation des arbres d'où pend la mousse.

La culture de la cane à sucre se développa parallèlement avec celle du coton. Le premier cultivateur de cannes à sucre sur une grande échelle fut Dominique Coco, père. Sa plantation se trouvait prés de Moreauville, sur un courant d'eau; non pas à l'interieur. Son moulin en 1840 naturellement fonctionna à la mode de l'époque, c'est-à-dire qu'un cheval mettait en action les pressoirs. Le jus était cuit dans un jeu de chaudières où on le transférait d'une chaudière à l'autre à la main. En outre de

Chaudière à sucre datant du dix-neuvième siècle

celle de M. Coco, les principales sucreries appartenaient à Paul Rabalais près de Long Bridge, à M. Gaudin près de Gold Dust, à R. Kay (Experiment Plantation) dans le premier ward sur la Rivière Rouge, à W. M. Lambeth que l'on nomma *Dora*, celle près de Cottonport, *Leister*, celle près de Bunkie, *Lucky Hit* et *Merriday*, toutes deux sur le Bayou Clair. En 1846, il y avait 2000 acres de terre en culture de cannes qui produisirent 1500 muids de sucre.[51]

Comme pour la culture du coton, le travail était fait par les esclaves. La guerre civile de 1861-1865 mit fin au système et paralysa la paroisse. Graduellement, elle se rétablit sous le système de "share cropper," c'est-à-dire que l'ancien esclave travaillait pour la moitie de ce qu'il produisait. Son patron fournissait la terre, les chevaux, les outils et la graine, ce qui lui donnait droit à l'autre moitié des produits. Sur les grandes plantations, l'ancien esclave travaillait à tant par jour. Presque toujours son patron lui "avançait" sa nourriture et ses vêtements. Pour cela, il avait un magasin ou "commissary" sur sa plantation.

Les nouvelles plantations de ce genre sont, pour le coton, celles de F. C. et C. C. Townsend près de Bunkie, d'une production de 250 balles; de W. T. Nolan, autrefois de Pavey, à Hamburg, de Haas Investment Co., de 190 balles, Mlle Genie Simmons, 180 balles, de Henry Frith à Bunkie, de 175 balles; d'Emile Beridon, autrefois de Callihan à Hamburg, de 125 bales; de E. A Coco à Mansura, de 125; de Mme B. B. Joffrion à Long Bridge, de 125 balles. Les nouvelles plantations de cannes à sucre à l'époque actuelle sont: celles de Tom Frith et de M. Haas près de Bunkie, de John Ewell et de Steve Pierce, près d'Evergreen et de Jules A. Coco près de Cottonport. On cessa de faire le sucre vers 1935 quand les conditions rendirent le profit trop minime pour justifier l'industrie. Depuis, on fabrique le sirop seulement. Le transport du produit se fit d'abord par chemin de fer et ensuite par camion. Le commerce se fait dans toutes directions maintenant et non pas seulement vers la Nouvelle-Orléans comme au début.

Il ne faut pas oublier que la majorité des cultivateurs de la paroisse n'ont pas de plantations. Ils sont de simples fermiers qui cultivent une trentaine d'arpents de terre en diverses cul-

---

[51]*De Bow's Review* V. 4., No. 2, October 1847, pp. 263-264.

tures; la plupart du temps, le coton est la principale; on ajoute le maïs, les cannes à sucre, les pommes de terre, le sorgho, les citrouilles, les melons, les fèvres et bien d'autres pour la consommation de la famille et non pas pour la vente. En 1930, selon le recensement des Etats-Unis, les Avoyelles comptaient 5847 fermes variant de 3 à 1,000 acres. De ce nombre, 1920 cultivateurs possédaient leurs fermes; les autres déménageaient de ferme en ferme pour travailler "à la moitie." Des 34,926 personnes qui demeuraient dans la paroisse cette année-là 24,876 étaient blanches et les autres noires; 79% vivaient sur des fermes. En 1934, on planta 36,755 acres en coton, 5,339 acres en cannes à sucre, 651 acres en pommes de terre, 2,289 acres en patates "douces," 1,600 en riz, 55,000 en maïs, 8,000 en soyas, 5,000 en cowpeas, 4,000 en "velvet beans," 5,000 en trèfle, 8,000 en autres plantes, Maintenant, il est intéressant de voir le revenu pour ces récoltes. Le tableau suivant donne cet aperçu:

Anné	Coton	Cannes	Autres	Total
1932	$ 651,300.00	$143,700.00	$ 86,000.00	$ 881,000.00
1933	953,872.07	185,724.00	82,000.00	1,221,596.07
1934	1,428,452.29	358,860.00	82,000.00	1,869,312.29
1935	1,334,988.97	340,000.00	113,500.00	1,788,488.97

Les méthodes de culture du sol ont changé depuis cinquante ans. Les inventions de nouveaux outils en sont la cause en grande partie. Vers 1859, il y eut une centaine de ces inventions dans le Sud du pays seulement. Aux Avoyelles, ce n'est qu'au début de ce siècle que l'on commença à s'en servir. L'invention d'une machine à cueillir le coton et d'une autre pour les cannes à sucre viennent d'être mises sur le marché, et il semble que ces machines produiront un autre changement chez le cultivateur. Une deuxieme raison pour l'amélioration de la culture de la terre se trouve dans le système du "Country Agent" que l'on inaugura aux Avoyelles en 1910. Ce fonctionnaire, préparé par l'université, reçoit un salaire mensuel pour conseiller les fermiers de la paroisse et leur enseigner à travailler. Ceux-ci lui exposent leurs problèmes de tous genres concernant leurs fermes. Il y a aussi un "Home Demonstration Agent" pour aider les fermières. Une troisième raison pour le progrès de l'agriculture se trouve dans les organisations des gens. D'abord, celui de "Farmers' Union" au début du siècle qui démontre que ces "individualistes" pouvaient s'organiser et mantenir une force pour lutter contre leurs ennemis. Il y eut, en 1908, une organisation de jeunes garçons de fermiers que l'on appela le "Corn Club." Le professeur V. L. Roy, natif des Avoyelles, en fut le fondateur. Ils s'assemblèrent la première fois à Moreauville, où ils reçurent des instructions sur la culture du maïs. On leur procura de la bonne graine de maïs pour planter un arpent. Ils devaient faire tout le travail eux-mêmes. Immédiatement, les résultats furent remarquables. Ce club est à l'origine des "4-H Clubs" qui existent dans toute la nation aujourd'hui. Les jeunes filles en font également partie. En 1940, Mlle Vivian Jeansonne et Mlle Della Guillot, de Hessmer, furent envoyées à l'assemblée nationale à Chicago, comme déléguées de la Louisiane. Cet honneur recompensait leur dévouement assidu envers ce club. N. P. Bordelon, fils, de Cottonport, reçut le premier prix de la Louisiane pendant trois ans pour ses activités dans le club. Il y a une quatrième raison pour le progrès de l'agriculture dans la paroisse, ce sont les expositions annuelles qui commencèrent en 1905. Là, on montre les meilleurs spécimens des différentes fermes de la paroisse aussi bien que les produits de la cuisine. Quelques-uns des meilleurs de la paroisse sont envoyés à l'exposition de l'Etat à Shreveport. La concurrence et l'encouragement des expositions produisent de bons résultats.

Une industrie parallèle à celle de l'agriculture est l'élevage du bétail. Le pâturage naturel offre des avantages prodigieux; les animaux peuvent rester au large toute l'année. Le propriétaire, étant donné les conditions, ignore souvent le nombre de ses animaux. Tel était assez souvent le cas au dix-neuvième siècle et même plus récemment; cependant, à l'époque actuelle on s'intéresse à améliorer les races. Pour cela, il faut des enclos que l'on appelle "parcs" aux Avoyelles. Bien que cette nouvelle méthode soit plus coûteuse, elle rapporte plus de revenus. On recherche davantage la qualité. En consultant les recensements depuis quarante ans, l'on voit que le nombre de têtes ne varie pas considérablement. Le nombre de chevaux diminua après 1919 à mesure que la machine les remplaça. En 1940, il y a 6,079, têtes de chevaux, 5,024 mulets 28,687 bêtes à cornes, 8,630 porcs,

787 moutons, 322,150 poules, 492 dindons et 4,745 ruches d'abeilles. En 1899, il y avait 10,949 chevaux et mulets, 18,501 bêtes à cornes, 27,623 porcs, 2,756 moutons et 291,720 poules. La population de la paroisse en 1900 se chiffrait à 29,653 âmes tandis qu'en 1940, elle était de 39,256 personnes. Donc, l'augmentation de l'élevage ne fut pas proportionnée. Cela s'explique par le fait que le fermier devint plus soucieux qu'auparavant d'améliorer les races d'animaux.

Les régions boisées qui servaient à nourrir les animaux si facilement autrefois ont presque toutes disparu. Les unes ont été éclaircies pour culture, les autres par le commerce du bois. En 1936, on vendit 8,379,760 pieds de bois de sciage dont 1,478,-708 étaient de cyprès, 325,943 de frène et noyer américain, 229,-225 de pin, 1,929,863 de chêne et de "copal" rouge, 1,929,863 de copal ou gommier. Au début, on transportait les troncs d'arbres attachés en radeaux sur les courants d'eau jusqu'à la scierie qui les achetait et les vendait pour bois de construction. Il y avait également des petites scieries qui fournissaient le bois de construction pour le voisinage. Celles-ci opéraient à certains moments de l'année quand la culture des champs ne pressait pas. On transportait les troncs en wagon et remportait le bois scié de la même façon. Aujourd'hui, cela se fait généralement en camion.

l'industrie la plus récente est l'exploitation des mines. Aux Avoyelles, elles se développèrent particulièrement après la découverte du pétrole dans le sud de l'Etat à Jennings en 1901 et dans la paroisse de Caddo qui est dans le nord de l'Etat, en 1904. Une corporation s'organisa aux Avoyelles en 1902. On fit des essais infructueux sur la propriété de J. E. Didier près de Marksville. Plus tard, on essaya encore dans d'autres locaux sans plus de résultat. Finalement, le 17 janvier 1939, on trouva du pétrole à Eola, près de Bunkie. Le puits produisit, au début, 300 barils de pétrole par jour. En avril, 1941, la production monta à 000,007 barils. Plus récemment en juillet 1948, la Hunt Oil Company de Dallas, Texas, réussit dans ses exploitations près de Marksville, dans la région du vieux Fort de Russy. L'événement produisit une soudaine hausse de prix dans toute la paroisse. Les puits se multiplièrent depuis et l'aspect de cet ancien centre de transport fluvial a changé radicalement. (Section 78, T.2, N.R. 4).

Bateau naviguant sur le fleuve du Mississippi et sur la Rivière Rouge, à la fin du dix-neuxième siècle

Comme nous venons de l'indiquer, la méthode du transport évolue aux Avoyelles depuis un siècle et demi. La Rivière Rouge servit de voie de communication aux Indiens et aux premiers navigateur blancs. Cette rivière n'était pas compètement libre. Il y avait un radeau de péage en travers de la rivière près de Shreveport. Il fut supprimé par le gouvernement de la nation en 1874. Une autre obstruction à la navigation de ce cours d'eau était les rapides près de la ville d'Alexandrie qui donnèrent le nom à la paroisse de Rapides. Les rochers qui obstruaient le cours d'eau furent enlevés par le gouvernement vers 1867. Un troisième inconvénient, celui du niveau de l'eau, continua à tourmenter les navigateurs jusqu'à la fin du système. Un bateau à vapeur commença à naviguer sur cette rivière en 1814; en 1860, cinquante-deux bateaux faisaient le trajet entre la Nouvelle-Orléans et Shreveport. Les principaux embarcadères de l'époque étaient, sur la rive gauche, ceux de Cassandie et de Glass; sur la rive droite, ceux de Gorton, devenu plus tard Ludger Barbin, de Ware et de Normand. Tous trois sur une distance de six milles, les trois chemins convergeaient pour se rejoindre au village de Markville situé à trois milles de ces embarcadères. Plus tard, il y eut un grand nombre de "landings" tout le long de la rivière ,car chaque plantation avait le sien ou le bateau s'arrêtait pour déposer ou prendre la marchandise. Après la Guerre Civile, ce genre de transport commença à diminuer. Le chemin de fer le remplaça. L'on construisit la première ligne aux Avoyelles en 1882 à Eola. La même année, on compléta la ligne "Texas and Pacific" passant à Bunkie. La ligne de Simmesport et celle de Marksville de la même compagnie furent construites en 1895. La ligne "Louisiana Railway and Navigation Co." propriété de William Edenborn traversa la paroisse en 1906 et établit le service entre Shreveport et la Nouvelle-Orléans en 1907. Le village de Mansura est sur cette ligne dont le train est adjourd'hui tout à fait moderne, le plus moderne de la paroisse, s'appelant "Southern Belle." La troisième étape dans le système de transport est celle des chemins pavés datant de 1919. On commença à se procurer des automobiles. Les premières Fords ne pouvaient voyager dans les trous de boue de l'époque. En 1920, on vota une taxe d'un million deux cent cinquante mille dollars pour constuire un chemin de gravier entre Marksville et Mansura. Le premier chemin pavé fut construit en 1930 entre les mêmes villages, ainsi que le "Jefferson Highway," route de l'Etat, qui passe par Bunkie. Actuellement, la paroisse a quatre chemins pavés avec Marksville comme le noyau. Ils vont à Bunkie, à Alexandrie, à Jonesville et à Baton Rouge. En tout, la paroisse a cent cinquante milles de chemins pavés. Plusieurs lignes d'autobus desservent les villes voisines. Un service d'avion relie Alexandrie en quelques minutes à Shreveport et à la Nouvelle-Orléans.

Il est rare aujourd'hui que l'on voit des hommes à cheval aux Avoyelles. On aime à raconter l'histoire du Juge Bullard qui faisait 300 miles à cheval pour sa tournée au Palais de Justice à Opélousas, Marksville, Alexandrie, Natchitoches, Monroe et de paroisse en paroisse pour présider à la cour de justice. Les avocats l'accompagnaient.

L'Etat de la Louisiane est divisé en vingt-sept districts judiciaires. Les Avoyelles forment le douzième. Le juge est élu par les électeurs pour un terme de six ans. Il reçoit un salaire de $6,000 par an. La paroisse élit également un avocat de district qui est chargé du banc des accusés de la cour paroissiale. En outre, chaque "ward" a un juge de paix qui a juridiction dans les cours civiles de moins de cent dollars. Il est payé par le jury de police pour les cas criminels et par le porteur de plainte pour les cas civils. Il est élu pour quatre ans par les électeurs du "ward." Audessus de tout est la Cour Suprême de l'Etat qui, elle aussi, a des subdivisions. Elles s'appellent "districts de la Cour Suprême." Chaque district a des "Circuits Courts." C'est ainsi que les Avoyelles se trouvent dans le deuxième circuit du troisième district de la Cour Suprême de l'Etat. Les juges de la cour de district sont élus pour quatorze ans. Son domicile est à Shreveport mais, deux fois par an, elle doit siéger à Alexandrie et à Monroe. La session dure neuf mois, ne s'ouvrant pas plus tard que le premier lundi d'octobre et ne fermant pas avant le 30 de juin. En 1849, on créa une "United States District Court" dont les Avoyelles composa une partie du territoire.

L'avocat général de l'Etat est le chef du départment de la justice. Au début, les juges venaient des autres régions des Etats-Unis; mais, graduellement, les Louisianais devinrent juges et mêmes juges des cours de l'Etat. Le premier avocat à recevoir cet honneur fut Adolphe Valery Coco de Marksville qui fut élu

Avocat Général de l'Etat en 1916 et réélu en 1920. Gaston Louis Porterie de Mansura fut élu à la même position en 1932 et réélu en 1936. Trois ans plus tard, le président Franklin Roosevelt le nomma juge fédéral de la cour du district ouest de la Louisiane. Il mourut le 24 mars, 1953. Harvey C. Fields de Marksville fut nommé à son tour à position d'avocat de district des Etats-Unis pour le terme de 1937-1941. Il fut remplacé par Malcolm Lafargue de Marksville, fils et petit-fils d'avocats brillants de la paroisse. John H. Overton de Marksville, membre d'une famille de juges et d'avocats, fut élu en 1931 représentant du huitième district de la Louisiane au congrès des Etats-Unis. En 1932, il fut élu sénateur des Etats-Unis. Il mourut en avril 1948. La liste de tous les juges locaux serait trop longue à énumerer. Tout de même, plusieurs firent leur marque.

Il est intéressant de noter que ces hommes distingués reçurent leur éducation en grande partie aux Avoyelles. Même la jurisprudence s'apprenait des avocats locaux ayant de l'expérience; pourvu que l'on pût réussir dans les examens de l'Etat, l'on était reçu avocat. A l'époque actuelle, le système d'éducation est plus régimentaire. Il serait trop long d'en suivre l'évolution dans tous ses détails; il suffit de dire que deux conceptions étaient en présence: l'une qui croyait que les parents étaient moralement responsables de l'instruction de leurs enfants, l'autre qui croyait que le gouvernement devait instruire ses citoyens; autrement dit, l'école publique et l'école privée. Ces deux groupes se faisaient la guerre. Néanmoins, les plus grandes difficultés pendant tout le dix-neuvième siècle furent d'ordre financier. L'idée de voter une taxe répugnait. En 1821, la Législature passa un acte donnant le droit au jury de police de nommer cinq members de la paroisse, ayant de la propriété, pour former le "school board." Aussi, on promit la souscription de $800.00 à chaque paroisse qui aurait maintenu une école publique pendant au moins trois mois. Le "School Board" devait payer l'instruction et les livres de huit enfants indigents. L'interprétation qu'on y attacha fit croire que les enfants non indigents devaient payer. C'est ainsi que l'école fut "publique" pour les pauvres et "privée pour les autres. La plupart des maisons d'école n'étaient qu'une petite construction d'une salle. Souvent, on faisait la classe dans une vieille bâtisse abandonée et délabrée. Aussi changeait-on souvent de local, de maître ou de maîtresse.

Maison d'ecole du dix-neuvième siècle

En 1837, l'Etat établit des "académies" dans les paroisses.
On nomma vingt-deux "trustees" comme fondateurs de celle des
Avoyelles, tous des hommes de la paroisse. On ne sait exactement quand l'Académie des Avoyelles ouvrit ses portes à Marksville; mais il est certain qu'en 1850, elle était dirigée par les
McDonnells, la mère, ses deux filles, Anna et Mary, et son fils,
John. Quant l'Etat cessa son appui financier,[52] l'école ferma ses
portes quelques années plus tard. Après, il y eut deux "instituts"
de courte durée: "The Young Ladies' Institute" dirigé par Mlle
Jeannie Hazeltine où on enseignait l'anglais, le français, la
musique, le dessin, la peinture et le travail à l'aiguille; l'autre,
pour les jeunes gens, fut dirigé par Thomas McMahon. En 1856,
le professeur A. Lafargue établit une école qu'il appela "The
Marksville High School." Comme assistants, Messieurs D. A.
Blanc et Gustave Brulatour enseignaient avec lui. Cette école
recevait des internes, des jeunes gens venant d'ailleurs aussi bien
que ceux du village. Elle dura à peu pres 25 ans. En 1855, le
"Evergreen Home Institute" commença à enseigner aux étudiants
et étudiantes de la paroisse. M. William Hall le dirigea pendant
des années. En 1905, cette école devint le premier "approved
high school" de la paroisse des Avoyelles. Le premier couvent

[52]Harris, T. H. *The Story of Public Education in Louisiana*, p. 5.

des Avoyelles fut établi en 1855 par la Mère Hyacinthe de Tréguier, France, et ses assistantes de l'Ordre des Filles de la Croix en un endroit situé à un mille du sud de Marksville et à trois milles de Mansura. A la fin de la seconde année il y avait quarante internes en plus des étudiantes du village. On enseignait plusieurs matières. Mais survint la Guerre Civile au moment ou l'organisation se perfectionnait. Il y eut entre les deux camps une escarmouche sur le terrain de l'école qui épouvanta les jeunes filles et les bonnes soeurs. Après la guerre, le couvent ne put se reconstituer et alla à Shreveport. De là, on établit plusieurs couvents dans les Avoyelles, mais un seul existe aujourd'hui: le "Presentation Convent" à Marksville.

Après que l'on eut élu en 1833 un surintendant d'Etat pour l'instruction, l'organisation fonctionna un peu mieux. En 1847, Jèrome Callegari fut élu le premier surintendant des Avoyelles. Il recevait $200.00 par an. L'office ferma par manque de fonds en 1852. Humaniste et linguiste, il divisa la paroisse en trois

Maison d'ecole du vingtieme siècle

districts: "Northern, Middle et Southern." Dans le premier district, il y avait deux écoles, dans le deuxième, huit, et dans le troisième, neuf. Il fit une liste des enfants d'âge à aller à l'école: 609 garçons et 555 filles. L'année scolaire durait à peu pres six mois et les maîtres recevaient une trentaine de dollars par mois. En 1848, l'Etat paya $4,260.78 pour les écoles publiques de la paroisse. En 1940, la paroisse reçut de la même source $321,-383.00 en outre des livres et le papier pour tous les enfants jusqu'à la fin des cours du "high school." La Louisiane paya $125,000 aux écoles en 1901 et $24,000,000 en 1941.

C'est Victor Leander Roy qui développa le systéme d'instruction aux Avoyelles ;il devint surintendant en 1904. Il introduisit le plan de réunir les petites écoles pour en faire une grande; pour cela, il fallait transporter les élèves de leurs résidences à la campagne, car la distance devenait trop longue pour marcher. Il fit voter des taxes pour construire des "high schools" en briques. L'on construisit trente-deux maisons d'école, meublées à la moderne sur des terrains appartenant au système d'instruction (ces terrains avaient tous deux acres). La propriété de ce système valait $18,000.00 en 1904 et $111,192.83 quatre ans plus tard. M. Roy encouragea les maîtres et les maîtresses à suivre des cours d'été. Lui-même donnait des conférences aux "institutes" pour préparer les instituteurs à faire les classes. Il organisa des bibliothèques dans chaque "high school." Il augmenta le salaire des instituteurs. Lui-même recevait $2,000.00 par an et $10.00 par mois pour une secrétaire.

A l'époque actuelle, il y a douze "high schools" publics et un couvent qui sont approuvés, c'est-à-dire, qui peuvent à la fin de leurs cours donner des diplômes qui permettent aux récipiendaires d'entrer sans examens à l'université. Chaque "high school" a un department d'école ménagère et un d'agriculture, une bibliothèque et des autobus pour transporter les élèves de la campagne. Afin d'améliorer l'instruction, la paroisse emploie trois surintendants de musique et deux surintendants pour l'instruction générale. Les instituteurs ont tous eu deux ans et plus de college. Ils sont choisi par le surintendant de la paroisse qui, lui-même, est choisi par le "school board." Ce dernier est élu comme le jury de police, par les électeurs de chaque "ward."

Malgré toutes ces améliorations, le recensement de 1920 révéla que 3844 personnes blanches et 3315 noirs de la paroisse ne savaient pas lire. Depuis ce temps, on a établi pour ces deux classes de personnes des écoles qui donnèrent de bons résultats; mais qui n'ont pas réussi encore à instruire les "vieux." Dernièrement, on a nommé un "visiting teacher" dans toutes les paroisses de l'Etat pour veiller à ce que tous les enfants aillent à l'école. La loi de 1916 sur l'école obligatoire ne fut jamais observée. Il est à noter qu'en 1860, 9.5% ne pouvaient pas lire tandis qu'en 1920, le pourcentage était de 10.5.

Autrefois, les professeurs venaient des autres Etats; aujourd'hui, ils sont presque tous des Avoyelles. Deux lois passées par la Législature de l'Etat, dans le but de protéger l'instituteur, furent introduites par des personnes de la paroisse. Cela se passa en 1936, leur donnant droit de se retirer avec une pension après trente années de travail; la seconde loi le protège contre la perte de sa situation sans motif déterminé. Quelques professeurs des Avoyelles ont occupé des positions avantageuses: ce sont Arnaud D. Lafargue qui fut le surintendant des écoles de l'Etat de 1892-1896; Victor Leander Roy qui fut le président de "Louisiana State Normal College" de 1911 à 1928; Edward Bane Robert, doyen de la faculté de "Teacher Training" de Louisiane State University depuis 1940; Russell Coco, professeur de Physiologie à Louisiana State University; Milton Baker, professeur d'agriculture à la même institution; Robert et Sam Moncla, frères, l'un surintendant de la paroisse de Lafourche, l'autre de celle de St-Landry; Georges Poret, professeur de pédagogie à Louisiana Polytechnic Institute à Ruston depuis 1940; Walter J. Brouillette, directeur du departement des cours par correspondance à Louisiana State University depuis 1942; Wilmore J. Bordelon, professeur de pédagogie à Ruston aussi; Calvin Claudel, écrivain et professeur de français à l'Universite de St-Louis; Madame Grace Bordelon Agate, écrivain et professeur de pédagogie à la Southwestern Louisiana Institute à Lafayette et une "clubwoman" renommée dans l'Etat. Presque tous ont leurs doctorats.

La religion et l'éducation, l'école et l'église ont toujours été liées aux Avoyelles. L'une évoque l'autre. Par tradition, les deux impliquent le développment du sens moral chez l'enfant pour le préparer à jouer son rôle dans la société. Quoique la philosophie de l'instruction ait évoluée vers la conception moderne du droit de l'Etat ou du gouvernement, il n'en est pas moins vrai qu'un grand nombre de personnes ont gardé l'ancienne conception du droit ou de l'obligation de l'église. Voilà pourquoi le Couvent de la Présentation à Marksville enseigne aujourd'hui dans ses salles de classe la quatrième et la cinquième générations de jeunes filles des Avoyelles.

Rouet

L'influence de l'église catholique se fit sentir en Louisiane des les premières explorations des Français. On amena des missionaires qui s'intéressèrent à la vie spirituelle des indigènes. Le Père Davion consacra sa vie à cette oeuvre parmi les Tunicas, amis des Indiens Avoyelles. La première église que l'on appela la "Nuestra Señora del Carmel" fut construite en 1796. La rareté des prêtres à cette époque rendit impossible la continuité des offices aux Avoyelles. En 1815, l'évêque Dubourg, qui obtint la permission de s'établir à St-Louis au lieu da la Nouvelle-Orléans comme auparavant, avait seulement dix-huit prêtres pour son vaste diocèse. Il fit un voyage en Europe où il obtint plusieurs prêtres qu'il plaça dans des centres ruraux. C'est ainsi que le Père J.-E. Martin de France fut envoyé à la petite église

de Nuestra Señora en 1824. Il trouva des conditions déplorables;
mais avec le courage d'un vrai missionaire, il aborda les problèmes avec le zèle d'un pionnier. Il bénit cinquante unions civiles
et l'évêque à sa premiere visite en 1825 confirma des centaines de
personnes. Le Père Martin desservait aussi les missions, car,
à cette époque, il n'y avait que deux prêtres dans la vallée de
la Rivière Rouge, lui et celui à Natchitoches. L'évêque ferma
Nuestra Señora en 1832 pour deux ans à cause de dissension.
Le Père Martin y revint à intervalles irréguliers jusqu'à 1840.
La petite église fut démolie en 1845 et la nouvelle église fut dédiée
à St-Paul. Le diocèse de la Nouvelle-Orléans devint le siège d'un
archevêché en 1850. Trois ans plus tard, le diocèse de Natchitoches fut érigé, divisant ainsi la Louisiane en deux parties; le
nord et le sud. Les Avoyelles se trouvaient dans le diocèse de
Natchitoches dont le premier évêque fut Auguste Martin. En
1910, l'évêché, pour raison de centralisation, fut transféré à la
ville d'Alexandrie.

Une chapelle fut construite à Moreauville en 1859 qui brûla
quelques années plus tard.[53] La troisième construction subit le
même sort en 1908. L'église du Sacre-Coeur, achevée en 1932
par le Père Jacquemin, est une magnifique église en briques. Il
y eut une chapelle à Marksville dédiée à St-Joseph avant que l'on
construisit l'église en 1869. Cette église était une construction
de bois de $3,600.00. Elle fut remplacée en 1920 par un édifice
de $80,000.00 construit en brique sous la direction de l'architecte
William Nolan, par l'entrepreneur P.-J. Peterman, de la Nouvelle-
Orléans. Monseigneur Vander Putten, qui réside à Marksville
depuis 1919, entreprit le projet.

Plauchéville fut une mission en 1882. L'on construisit
l'église de Mater Dolorosa en 1895. Le village voisin de Cottonport devint en 1890 une paroisse indépendante que l'on appela
Notre-Dame-de-L'Assomption. Celle de Bordelonville fut fondée
en 1900 et nommée St-Pierre. A Norma, près de Hessmer, St-
Alphonsus fut erigée en 1899. Dans une autre partie des Avoyelles, le cinquième "ward," l'on fonda Notre-Dame-de-Lourdes en
1926. Bunkie dans le dixième "ward" dédia sa petite église à
St-Antoine en 1922 où le Père J.-V. Plauché, maintenant mon-

---

[53]Baudier, Roger *The Catholic Church in Louisiana*, p. 405.

— 61 —

seigneur, natif des Avoyelles, fut curé. Sous la direction du Père Sice, l'on érigea l'église à Odenburg en 1923; elle fut transférée à Simmesport en 1935. St. Theresa à Evergreen, d'abord une mission, devint indépendante en 1933. A l'époque actuelle, il y a plusieurs missions: Bayou Rouge, dépendant de Evergreen; Moncla et Brouillette, dependants de Marksville depuis 1906; Kleinwood, Rexma et Big Bend, dépendants de Bordelonville.

Les villages suivants ont ouvert des couvents aux années indiquées: Mansura, 1887; Cottonport, 1898; Moreauville, 1899; Bordelonville, 1904; Plauchéville, 1922; Bunkie, 1922. Mais il en reste quatre actuellement: Bunkie, Marksville, Mansura et Plauchéville.

Le recensement de 1890 donne des renseignements qui permettent des rapprochements assez intéressants sur le développement de la vie religieuse aux Avoyelles. Il nous apprend qu'il y avait 12,600 catholiques, cinq églises, sept organisations, deux "halls," des propriétés estimées à $5,900.00. En outre, la "paroisse" avait un plus grand nombre de fidèles que n'importe quelle autre dans le diocèse.[54]

Les organisations principales sont les Chevaliers de Colomb organisés vers 1906 qui comptent cent cinquante membres, les Dames d'autel organisées la même année et les "Catholic Daughters," organisées vers 1926.

Les nègres, comme les Indiens, devinrent membres de l'église. Au début, on réservait une section de la "petite allée" aux nègres. Ils entraient par la porte de côté. En 1918, ils furent assez nombreux pour avoir une église à Marksville que l'on dédia au Saint-Esprit. On construisit un couvent et une maison pour le curé qui a toujours été un prêtre blanc. Un second couvent fut fondé à Mansura aussi bien qu'une chapelle à Hickory Hill.

Les Avoyelles ont fourni un nombre considérable de prêtres: Eugene Dérivas de Marksville, ordonné vers 1895, Monseigneur John V. Plauché, de Plauchéville, ordonné en 1920 ou 1921, Eméric B. Scallen, de Mansura (1926), Belton A. Scallan, de Mansura (1929), Vincent G. Couvillon, de Moreauville (1931), Herman H. Couvillon, de Moreauville (1931), Martin Ludger

---

[54]*Biographical and Historical Memories of Louisiana*, Vol. II, p. 141.

Plauché, de Alexandria (1931), Milburn J. Broussard, de Plauchéville (1933), Michel Prévost, de Mansura (1935), Francis Ogée Couvillon, de Moreauville (1936), Allen Mark Chenevert, de Plauchéville (1937), John Hardie Lacour, de Plauchéville (1939), Francis Vernon Bordelon, de Alexandria (1940), Mgr. C. J. Plauché, de Bordelonville (1940), Gerrard J. Ducoté, de Cottonport (1941), John E. Grémillion, de Crowley originaire de Marksville (1941), Joseph B. Gremillion, de Moreauville (1944), Joseph Marvin Bordelon, de Bordelonville (1948), Edward C. Gauthier, de Baton Rouge (Moreauville) (1948).

Les jeunes filles qui se firent religieuses sont: Angelica Moncla de Cocoville, prit le voile en 1901, Léonie Moncla de Norma (1904), Olange Agnes Scallon de Mansura (1917), Emely Mayeux de Mansura (1917), Amy Calligari de Cottonport (1923), Odmonia Cecilia Lacour de Moreauville (1926), Agatha Rita Plauché de Plauchéville (1927), Léontine Alice Lacombe de Longbridge (1930), Sarah Marcotte de Hessmer (1938), Lucy Scallon de Mansura (1949), Mercedes Rhea Spotorno de Marksville (1947), Beryl Ann Grémillion de Moreauville (1948).

Il y eut aussi des temples protestants; à Marksville, un de la secte Baptiste avant 1860, un autre dans le premier "ward" ou les premiers colons étaient anglo-saxons et un troisième à Big Bend. L'on dit que le temple protestant le plus ancien à l'ouest du fleuve Mississippi est celui à Evergreen construit en 1841. Le fait que l'on ait le régistre complet de ce temple historique est à noter. Tout près est le temple des Methodistes, organisé en 1939. Celui de Bunkie dans le dixième "ward" colonisé par les anglo-saxons fut érigé vers 1888. A Marksville, il fut construit dix ans plus tard. En 1890, l'on construisit le temple des Episcopaux que l'on nomma St.-Pierre.[55] Vers 1897, celui des Presbytériens fut élevé. Tous étaient de modestes constructions de bois dont plusieurs fermèrent leurs portes après quelques années. A l'époque actuelle, le groupe de Nazarines est le plus actif. Les membres s'organisèrent en 1926 et construisirent leur temple en 1937. Celui-ci et celui des Méthodistes et des Baptistes on des ministres résidents.

Un grand nombre des nègres sont Baptistes. A leur inimitable manière souvent ils mêlent les coutumes et appellent leur

[55]*Ibid.*, p. 617.

temple "St. Mary's Church" ou quelque nom analogue. C'est ainsi que, quelles que soient les croyances des gens, il y a dans toutes les communautés des Avoyelles un temple où on s'assemble pour prier et pour entendre les sermons basés sur les paroles du Christ.

La tendance aujourd'hui au matérialisme explique le fait que l'on exagère les rapports entre la santé matérielle et la santé spirituelle. Ce phénomène a pris de proportions telles qu'on en fait un culte dans certains milieux. Bien que cela soit extraordinaire, il faut reconnaître un élément de vérité dans la conception de cette philosophie. N'y a-t-il pas des médecins scrupuleux qui donnent à leurs patients de l'eau sucrée? N'y a-t-il pas des personnes intelligentes qui se proposent et suivent des régimes ridicules? Comment expliquer "la mode" dans la médicine? Il y a trente ans, la banane était défendue aux petits enfants, aujourd'hui, on la recommande comme nourriture pour les bébés. Les exemples de ce genre ne manquent pas. Cependant, il faut se rendre compte que la médecine a fait des progrès inouïs dans le dernier siècle. Il faut aussi admettre que c'est la profession la plus dévouée qui soit. Elle l'était surtout aux Avoyelles où le médecin allait à cheval voir des patients et plus tard en voiture par des chemins bourbeux et par des nuées de poussiere en été. Ceux qui servirent la paroisse dans ces conditions primitives après le Docteur Laborde furent le Docteur Robert Morrow, qui s'intéressa à la vie civile aussi bien qu'à la vie professionnelle, le Docteur E.-L. Briggs, en 1839, mais on sait peu de lui, tandis que l'on raconte fort bien des incidents sur les Docteurs Joseph Moncla et Jules Desfossés, de France. Tous deux s'établirent à Mansura. Le Docteur Moncla fut trouvé mort dans sa voiture en 1884. A cette époque, une maladie causa beaucoup de souffrance et d'inquiétude, on la nomma "malaria," car l'on croyait qu'elle venait de l'air infect. Le médecin la traitait avec un tonique qu'il faisait lui-même. Aussi, donnait-on souvent beaucoup de quinine pour couper la fievre et le frisson intermittents. Après la découverte du Docteur Carlos Findlay que le moustique anopheles causait cette fièvre, l'on réussit à prevenir la transmission par un système de treillis métallique placé dans toutes les ouvertures. des maisons afin d'exclure les moustiques. Un autre préventif consisté à empêcher la multiplication de l'insecte.

On répand du pétrole sur les eaux mortes où l'insecte se propage.

La deuxième malédiction des Avoyelles au dix-neuvième siècle fut la fièvre jaune. Elle se transmettait par des personnes qui allaient par bateau à la Nouvelle-Orléans où les épidémies étaient assez fréquentes. Alors, on interdit aux bateaux de s'arrêter aux embarcadères de la paroisse en 1878. Cela n'empêcha pas une épidémie assez grave aux Avoyelles, surtout dans la région que l'on appelle "la prairie." Le Docteur Desfossés fut le héros qui combattit nuit et jour contre les affreux ravages de cette maladie. Le jury de police lui présenta une médaille d'or avec l'inscription: "Yellow Fever 1878" comme preuve de l'appréciation de son dévouement. Il semble que le premier cas de "fièvre jaune" dans la paroisse remote à 1845 et le dernier cas en 1905 à Bunkie puisque l'on y imposa une quarantaine cette année-là. L'épidémie la plus dévastatrice extermina la famille Cushmen en 1855. Les Taylor et les Parrot en souffrirent aussi. Après que l'on démontra que la source de cette fièvre était le moustique stygomia, elle fut éliminée de la même façon que la "malaria."

La petite vérole nécessita une quarantaine en 1899 et en 1905 quand il y eut un ou deux cas dans la paroisse. Aussi, exigea-t-on la vaccination pour tout le monde. L'injection se faisait sur le bras gauche.

L'épidémie la plus générale: l'influenza de 1918-1919 causa la mort de centaines de personnes. Dans un fort grand nombre de familles, tous les membres furent atteints. Les medecins, malgré un effort inouï pour secourir tous les malades, n'arrivaient pas à le faire. Il en mourut sans le moindre secours. Néanmoins, on inaugura, un peu avant que cette malédiction sinistre ait frappé la paroisse, le mouvement pour établir des hôpitaux où il serait plus facile de soigner les malades. Bien que le premier effort apportât de très modestes résultats, il fut un heureux commencement. Les Docteurs Kiblinger, le mari et son épouse, ouvrirent le "Marksville Sanatorium" en 1916 au-dessus d'une pharmacie. L'année suivante, ils construisirent un petit édifice où ils placèrent douze lits. Ils firent les premières opérations dans le style si répandu aujourd'hui. Les Kiblinger s'en allèrent à la Nouvelle-Orléans et le Docteur Albert Abramson construisit un hôpital en briques vers 1937. De tout temps, on est allé à la Nouvelle-Orléans pour les services des spécialistes. La ville d'Alexandrie, à trente milles de Marksville, a de bons hôpitaux dont un est gratuit pour les personnes qui ne peuvent pas payer. Là aussi se trouve le superbe "Veterans' Hospital" où les vétérans reçoivent des soins gratuitement.

Le Docteur Oscar Dowling, président du "State Board of Health" consacra sa vie à l'amélioration des conditions de l'hygiene dans l'Etat de la Louisiane. Il fit une propagande intense pour instruire les gens sur les bénéfices de la propreté partout, sur l'importance de lutter contre les insectes, surtout les porteurs de maladies, et finalement sur l'importance de l'alimentation pure et saine. Ses efforts aboutirent à l'organisation du "Board of Health" en 1898. Le premier président fut le docteur Leo C. Tarleton.[56] En 1908, le Docteur M.-E. Saucier prit la direction et reçut cent dollars par an.

Une autre organisation très utile est celle de "Parish Health Unit," fondée en 1927, pour lutter contre la catastrophe de l'inondation de presque toute la paroisse. Le personnel comprend un médecin, deux garde-malades, un inspecteur et un secrétaire. Ils veillent à empêcher les maladies de se répandre. Ils appliquent un programme préventif scolaire en visitant les écoles à certaine intervalles dans le but de vacciner les enfants. Ils surveillent de prés les cas de maladies contagieuses. Tous les médecins s'intéressent à ce plan de sauvegarder la santé et prevenir la contagion.

Le "Health Unit" inspecte les établissements de nourriture et les sources d'eau potable. Il envoie au "State Board of Health" des échantillons d'eau de temps à autre pour analyse. Bref, il prend tous les moyens possibles et pour éviter les maladies et pour empêcher qu'elles se répandent lorsqu'elles se sont déclarées.

Depuis 1878, les médicins, comme les autres professionnels, ont des organisations ayant pour but de discuter leurs intérêts propres. Ils furent les premiers de la Louisiane à le faire. Le Docteur W.-C. Patterson fut le premier président. La société attint son zenith en 1904 quand il y avait quarante-cinq membres.

---

[56]Régistre du jury de police pour l'année de 1898.

Actuellement, bien qu'elle ne soit pas aussi nombreuse, elle est encore active.

Une science nouvelle et apparentée à celle de la médecine est l'art dentaire. Aux Avoyelles, les premiers dentistes furent les Docteurs Porter Bagby Wright et Leslie D. Fisher. Ils s'établirent à Evergreen en 1875 et 1893. De là, ils visitaient les différents villages à intervalles réguliers. Eux aussi, connurent les difficultés de voyager en voiture par les mauvais chemins. Graduellement, la profession se développa. Aujourd'hui, il y a un dentiste dans tous les villages.

Un autre service se développa rapidement. Dans tous les villages, dans tous les hameaux, et même aux fourches de chemins se trouvent des bureaux de poste. Il n'en était pas ainsi au début du dix-neuvième siècle. Le courrier venait de la Nouvelle-Orléeans et était lent mais, évidemment, ne frustrait pas nos aïeux qui n'avaient pas trop de goût pour la plume. Plus tard, quand le bateau à vapeur commença à faire le trajet, le courrier continua à venir par la Nouvelle-Orléans; seulement on le deposait à Smithland pres d' Angola ou le "postillon" en voiture à deux chevaux, le prenait pour l'apporter à Alexandrie, voyage qui prenait deux jours. En route, on laissait celui des Avoyelles. Le premier bureau de poste aux Avoyelles fut établi le 10 fevrier 1816.[57] On l'appela le "Bureau de poste de la paroisse des Avoyelles." Le Docteur Robert Morrow fut le premier maître de poste. Cinq ans plus tard, on changea le nom pour "Marksville Post Office."

La mention des bureaux qui ne durèrent pas serait ennuyeuse et n'ajouterait rien à l'intérêt. Il suffit de dire qu'un grand nombre tomba dans cette catégorie.

En 1837, on erigea le bureau de poste de Borodino, lequel devint plus tard Mansura avec Nestor Durand comme maître de poste. Trois autres furent également établis cette année-là: Bordeaux qui dura jusqu'en 1849, Holmesville qui devint Eola en 1882 et Bayou Rouge que l'on transposa à Evergreen vers 1845. Celui de Bayou Rouge Prairie ouvrit en 1838, ferma en 1840, puis en 1894 le même local devint le "Goudeau Post-Office," nommée après les premiers habitants de l'endroit. Le village de Simmesport en eut un en 1904 dirigé par Samuel C. Dunn. Un

[57]Régistre du département de bureaux de poste, Washington, D. C.

deuxième nommé Borodino ouvrit en 1843 ; il devint Moreauville en 1849. Ambroise Lacour servit le local. Big Bend où la population était assez nombreuse garda le sien datant de 1847. Dans le premier "ward," au nord de la Rivière Rouge, on appela le bureau d'abord Pointe Maigre en 1857 et Center Point en 1891. Le village de Cottonport en eut un en 1872 avec Gervais A. Bordelon comme premier maître de poste tandis que F.-M. Grémillon fut le premier maître de poste à Plauchéville en 1880. Le village de Bunkie, aujourd'hui le plus grand de la paroisse, commença ce service en 1883, le seul qui a une construction de gouvernement. La coutume a toujours été de se servir de l'arrière partie d'un magasin. Cela explique le grand nombre de changements de locaux et de l'abandon de plusieurs bureaux. Quand de magasin faisait faillite, ou déménageait, le bureau de poste en souffrait. En outre de son édifice de briques datant de 1938, Bunkie a trois "rural routes." Le service de ce village est peut-être le meilleur de la paroisse, car il est sur la grande ligne du chemin de fer "Texas and Pacific."

La deuxième étape au point de vue de transport du courrier date des chemins de fer. On commença à recevoir le courrier quotidiennement. Avant cela, cn le recevait trois fois par semaine, le mardi, le jeudi, et le samedi. Les villages sur la route entre Smithland et Alexandrie étaient desservis par le "postillon" tandis que les autres villages envoyaient un porteur à cheval à Longbridge pour rencontrer le postillon et apporter le sac de "malle" à Marksville. Ce chef-lieu transporte depuis 1928 son courrier deux fois par jour par camion de Bunkie. Le village, depuis 1946, fait livrer le courrier aux résidences. Cette année, 1949, on fait le plan pour une construction fédérale où se logera définitivement le bureau de poste de Marksville. On discute actuellement de construire un aérodrome près de Marksville. Celui d'Alexandrie, ville voisine, répond aux besoins actuels. La coutume d'envoyer les lettres par avion devient de plus en plus étendue. Le développement du service des postes dans un siécle a été fantastique.

Une autre institution qui a progressé aux Etats-Unis est celle de la finance. Elle a depassé toutes les autres au point de vue de l'énormité de son développement dans un siècle et demi. En 1780, au moment ou l'on fonda le Poste des Avoyelles, il n'y avait pas une banque aux Etats-Unis. L'année suivante, on ouvrit la première banque à Philadelphie. Vingt ans après, il y en avait cent. Au fur et à mesure, des lois furent passées pour améliorer les conditions du pays. A la fin du dix-neuvième siècle, quatre-vingt-dix pour cents des affaires se faisait par chèque. Entre les années 1867 et 1898, le papier monnaie augmenta de 709,000,000 à 1,210,000,000.

Le développement de la finance en Louisiane ne fut pas moins fantastique. Pendant le régime français, l'on se servait de "billets de caisse" tandis que pendant le régime espagnol le terme était "libranzas." Durant ce régime, le flux d'argent mexicain amena la stabilité dans le système de finance. Le changement de gouvernement causa une crise économique. Le bon sens du gouverneur Claiborne lui fit ouvrir une banque en 1804 qu'il appela Banque de la Louisiane. Le succès de ce plan fut immédiat. Les banques se multiplièrent à la Nouvelle-Orléans. En 1842, le capital en banque dans cette ville surpassa celui de New-York.[58] Mais l'ère du chemin de fer qui suivit donna l'avantage à New-York.

Le premier service de banque aux Avoyelles remote à 1824 quand on fonda une branche de la Banque de la Louisiane à Alexandrie pour les paroisses des Avoyelles, Catahoula, Concordia, Natchitoches, Ouachita et Rapides avec un capital de $200,000.00. Mais le système économique des Avoyelles ne dépendait pas des banques. Les petits cultivateurs achetaient leurs effets des marchands qui prenaient leurs produits, principalement le coton, à la fin de l'année en paiement. Les gros cultivateurs avaient leurs marchands commissionaires à la Nouvelle-Orléans avec qui ils faisaient toutes leurs transactions.

Par sa singularité, la première banque de la paroisse est des plus intéressantes. On la nomma "Farmers' Bank." Située dans le plus ancien local des Avoyelles, appelé aujourd'hui Hydropolis, cette institution se maintint dans une modeste petite construction composée d'une salle qui ne fermait pas à clef. La banque existait pour faire de petits prêts aux cultivateurs du voisinage. Le caissier était Lucien Coco, petit-fils de Dominique, un des premiers colons de la paroisse. En 1840, année de la fondation, les Coco jouissaient d'une grande prospérité, étant propriétaires

---

[58]Caldwell, S.-A.—*A Banking History of Louisiana*, p. 32.

d'à peu pres sept mille arpents de terre. Pour des raisons que personne ne connaît, on ferma la banque vers 1848, mais en 1870 elle était réouverte avec Adolphe Coco comme caissier. Son sort ne fut pas plus heureux la seconde fois.

A la fin du siècle, en 1897, on organisa à Marksville "L'Avoyelles Bank of Marksville" qui devint quatre ans plus tard "Avoyelles Bank and Trust Company" avec un capital de $30,000.00. E.-J. Joffrion en fut le premier président.[59] Des succursales furent établies à Plauchéville et à Moreauville en 1917. Le village de Bunkie organisa "The Merchants' and Planters' Bank of Bunkie" en 1900 avec W.-D. Haas comme président. Celle-ci absorba celle de Marksville en 1928. Cottonport ouvrit à son tour une banque en 1902. C.-H. Ducoté en était le président. La Banque de Mansura commença à fonctionner en 1904 mais fut absorbée par la "People's Savings Bank and Trust Company" de Mansura en 1926.

La "Citizens' Bank" de Bunkie, établie en 1905, absorba la "Avoyelles Bank and Trust Company" de Marksville en 1928 et prit son local. Elle ferma en 1931. La "Union Bank of Marksville" ouvrit en 1910 avec un capital de $25,000.00. A son tour, elle absorba la "Avoyelles Trust and Savings Bank." Une banque à Cottonport et une à Evergreen, cette dernière de courte durée, ouvrirent en 1920. La "People's Savings Bank" à Mansura, à Hessmer, à Bordelonville et à Simmesport, toutes fermèrent en 1930. La dernière banque à ouvrir avant la crise économique fut la "Avoyelles Trust and Savings Bank" en 1932, à Bunkie, qui commença avec un capital de $80,000.00. Celle-ci, celle de "Union Bank," à Marksville et la "Cottonport Bank" à Cottonport survécurent à la crise économique en 1933 quand dix-neuf mille deux cents quatre vingt-dix banques aux Etats-Unis furent ruinées.

Malgré les apparences, il n'y eut jamais de grande activité dans ce domaine aux Avoyelles. Les années de plus grande prospérité furent 1924, 1925, et 1926. L'année suivante, la paroisse fut atteinte de la pire inondation de son existence. Les banques furent paralysées. Avant qu'elles pussent se rétablir, la débâcle de 1933 arriva. Un aspect un peu burlesque de cette tragédie est l'emploi de ces édifices de banques comme magasins après leurs faillites.

---

[59]Régistres—Archives de la paroisse des Avoyelles.

On aime rappeler comment certaines personnes gardaient leur argent chez elles dans des endroits tels qu'un panier sous le lit, le matelas ou le pied creusé d'une chaise. On racontait aussi des histoires fantastique à propos de fortunes enterrées dans certains locaux. Là, par des nuits obscures, on creusait la terre afin de trouver la fortune. La plus intéressante de ces histoires est celle qui expliqua ainsi la prospérité et la fuite d'un personnage dans une autre région du pays. Ainsi, dit-on qu'au début on refusa de confier son trésor aux banques. La vieille cache semblait plus sûre. Cependant, graduellement, on accepta le système. Tout le monde aujourd'hui patronise la banque de son village.

La manie de changer fréquemment caractérisée comme progrès dans l'esprit d'un certain groupe, se fit dans une autre activité; celle du journalisme. Quoique les journaux des Avoyelles fussent des hebdomadaires seulement, ils suscitèrent énormement d'intérêt surtout pendant la période immédiatement avant la Guerre Civile, appelée la "glorious décade." Que le progrès, la prospérité ou la politique ait causé ce phénomène, il serait difficile d'en determiner la raison. Nous nous bornons à constater les faits et non à les expliquer.

Il parut en 1830 un journal appelé "The Rapides, Avoyelles and Catahoula Advertiser," qui semble être le premier destiné aux lecteurs de la paroisse des Avoyelles et des deux paroisses voisines. Il était publié dans la paroisse de Rapides. En 1843, l'on commença à publier à Marksville le petit hebdomadaire bilingue "Le Villageois." Le dos de la feuille s'appelait "The Villager." Adolphe Lafargue dirigea ce modeste journal qui continua jusqu'à 1844 quand G.-A. Stevens le prit. Il fut remplacé par Alex. Barde en 1859.[60] P. D'Artlys qui lui succéda changea le nom pour "Le Pélican". En 1850, il y avait trois journaux aux Avoyelles. Le parti des Whigs avait son organe politique "The Prairie Star", propriété de E.-J. Foster tandis que le parti de Know Nothing" avait "L'Organe Central" dirigé par Fenelon Cannon et S. Lewis Taylor. Ce dernier était bilingue. Pendant la Guerre Civile, il n'y eut pas de journal. En 1864, nous dit le régistre du jury de police, il fallait afficher dans le palais de justice l'agenda de cette assemblée, faute de journaux.

Mais à la mode typique du temps, avec un merveilleux cour-

[60]Tinker, E. L. Les Ecrits de langue francaise en Louisiane, Paris, 1932.

age, on recommença dans les conditions les plus décourageantes qui pussent exister. *"The Weekly Register"* fondé en 1867 par A.-D. Coco était encore en existence en 1870. Après cela, on ne sait pas, Pendant la période de vacarme après la guerre, il eut un shérif nègre, A. Noquez, qui dirigea un journal appelé *"The Avoyelles Republican"*. Le journal cessa au bout de quatre ans, la durée de son terme d'office.

"Le Villageois" fut ressucité sous le nom de *"Marksville Villager"* ét édité par A. Lafargue jusqu'en 1868 quand son fils A.-D. prit sa place. En 1877, le journal redevint *"The Villager"* sous la direction de T.-J. Edwards et O.-B. de Bellevue tandis que les Lafargue publiaient le *"Marksville Bulletin"*. En 1870, ce dernier avait une circulation de six cents exemplaires par semaine. William Hall fut le fondateur du *"Marksville Review"* en 1880 qui devint plus tard *"The Weekly News"*. A.-M. Gremillion servit d'éditeur jusqu'à ce que son fils le remplaça. En 1927, Carl Grémillion acheta le journal et, avec Madame Grémillion, l'a publié depuis. Un journal qui dura assez longtemps se nommait *"The Avoyelles Enterprise"* fondé par T.-T. Fields en 1897. Il passa à O.-B. de Bellevue qui devint imprimeur de la paroisse en 1918 recevant un salaire de cinq cents dollars par année pour ce travail. On cessa de le publier vers 1930. Les Grémillion achetèrent le local et construisirent un édifice en briques òu le *"Weekly News"* est publié chaque semaine. C'est le seul journal de Marksville à l'heure actuelle.

Le village de Bunkie a un hebdomadaire depuis 1888 quand L. Tanner fut son rédacteur. Peu de temps après, H.-A. Turner fut chargé de ce travail qui passa à E.-R. Turner en 1890. Le journal avait une circulation de six cents exemplaires cette année-là. On l'appelait *"The Bunkie Blade"*. Depuis 1928, M.-J. Howard Fore est le rédacteur du *"Bunkie Record"*, le seul journal de Bunkie. Il n'y a donc que deux journaux publiés dans la paroisse. Les journaux quotidiens de la Nouvelle-Orléans et d'Alexandrie sont distribués tous les jours aux lecteurs des Avoyelles, alors que la concurrence entre les rédacteurs des hebdomadaires n'est pas aussi prononcée qu'elle l'était avant l'ère des chemins pavés et des communications rapides.

Nous venons de voir que la politique en 1850 était tellement active aux Avoyelles que chaque groupe avait son journal pour exprimer ses idées sur les questions discutées. Parmi celles-là, la plus importante était l'esclavage. Sur ce sujet, les discussions passionnées et animées ne se terminaient jamais. Tous ces débats n'aboutirent à aucune solution du problème. Là comme ailleurs, on parlait de se séparer de l'Union nationale. Le droit de scission avait été mentioné dans la Nouvelle-Angleterre au début de la formation de la nation ainsi que plus tard au cours des événements controverses. Alors quand Abraham Lincoln fut élu président de la Nation en 1860, on se décida à la scission, car il était le candidat du parti républicain qui s'opposait à l'esclavage. L'Etat de la Louisiane convoqua une assemblée le 19 novembre 1860 à la Nouvelle-Orléans pour discuter de la situation. On décida en faveur d'une convention le 23 janvier 1861 ou l'on devait voter sur la question. A la convention, on opta pour la scission. Les délégués des Avoyelles à cette convention étaient Aristides Barbin, F. Cannon et A.-M. Gray.[61] L'Etat vota en faveur de l'organisation d'une milice pour laquelle on nomma un comité d'Affaires Militaires et on souscrivit cinq cent mille dollars pour des matériaux militaires. La Louisiane s'unit à la Confédération le 21 mars 1861. Aux Avoyelles, on commença à former de petits groupes militaires des novembre 1860. En décembre, il y eut une assemblée à Marksville òu l'on vota en faveur de la séparation. On forma "The Avoyelles Regiment" en avril 1861 avec A.-D. Coco comme colonel, "The Atchafalaya Guards" (105) commandé par le capitaine Boone, qui alla au front en avril, "The Avoyelles Riflemen' 'avec Arthur Cailleteau qui mourut sur le champ de bataille, "The Louisiana Swamp Rifles Company of Avoyelles and St.-Landry Parishes" commandé par Dickey qui alla au front en mai. "Les Créoles des Avoyelles" organisé par J. Griffin partirent en août 1861, "The Evergreen Riflemen" partirent en septembre. Plus tard, ces groupes s'unirent aux armées du Sud des différents Etats.

Comme toujours, il y eut des dissidents. Ceux qui n'avaient pas d'esclaves ne comprenaient pas trop pourquoi se battre. Il y en avait qui étaient contre la scission. Ils se réunirent et formèrent des groupes pour rejoindre l'armée de l'Union. D'autres se sauvaient dans les marais pour éviter la conscription. On les appelait les "Jay-Hawkers".

Comprenant l'importance de la Rivière Rouge, dès le début

[61]Caskey, W. M.—*Secession and Restoration*, p. 51.

de la guerre l'on construisit le Fort de Russy, nommé d'après le Colonel de Russy de Natchitoches, sur la rive sud à trois milles de Marksville. Pour la construction de ce fort, l'on employa les meilleurs ingénieurs de l'époque qui devaient en construire plusieurs du même genre afin de contrôler et de défendre cette partie du Sud contre l'ennemi. Il n'y en eut pas d'autres. En effet, plus tard, l'ennemi conçut le plan de couper le terrain du Sud en deux en prenant le fleuve Mississippi et la Rivière Rouge. Cela arriva après deux ans de guerre quand le général N.-P. Banks fit le plan pour capturer la ville d'Alexandrie sur la rive sud de la Rivière-Rouge, à trente milles de Marksville par l'intérieur mais plus loin par la rivière. Banks et son armée occupaient la région autour d'Opélousas. Son plan était de marcher sur Alexandrie, une distance de 170 milles, presque directement au nord de son quartier militaire, tandis que l'amiral Porter et ses "Ironclads" devaient monter le Mississippi et la Rivière Rouge et rejoindre Banks à Alexandrie. Arrivé à l'embouchure de la rivière, Porter envoya un émissaire pour faire la reconnaissance du Fort de Russy. On fit feu sur lui et l'obligea à abandonner son "Queen of the West", bateau qui, plus tard, servit aux Confédérés. A ce moment, le lieutenant-colonel Aristides Gérard évacua le fort le 24 avril 1863, selon l'ordre du général Richard Taylor qui envoya le capitaine Kelso chercher l'équipage du fort pour l'amener à Alexandrie. En route, il rencontra, le 4 mai, le lieutenant Hart qui l'attaqua. Banks qui avait quitté Opélousas le 5, arriva à Alexandrie le 9. Sans provisions, il pillait le pays partout ou il passait.[62] Il retraita du 15 au 17 mai. Il semble que Porter fit de même.

La "Red River Campaign" se répète l'année suivante mais cette fois sur une échelle grandiose. Le général Sherman arriva à la Nouvelle-Orléans le 1er mars 1864.[63] Il conçut le plan d'attaque dans plusieurs directions par la marine, par l'artillerie et par la cavalerie ensemble. Le général Andrew J. Smith arriva de Vicksburg à Simmesport (Avoyelles) le 12 mars 1864, avec dix mille soldats. L'armée de Sherman, venant du Sud, fut transportée par la flotte de l'amiral Porter tandis que celle de Banks, venant de Berwick Bay, fut transportée par bateaux sur le fleuve

[62]Whittington, G. P.—*History of Rapides Parish*, Louisiana Quarterly, V. 17, p. 741.

[63]*Battles and Leaders of the Civil War by Confederates and Federal Officers*, Vol. IV, p. 347.

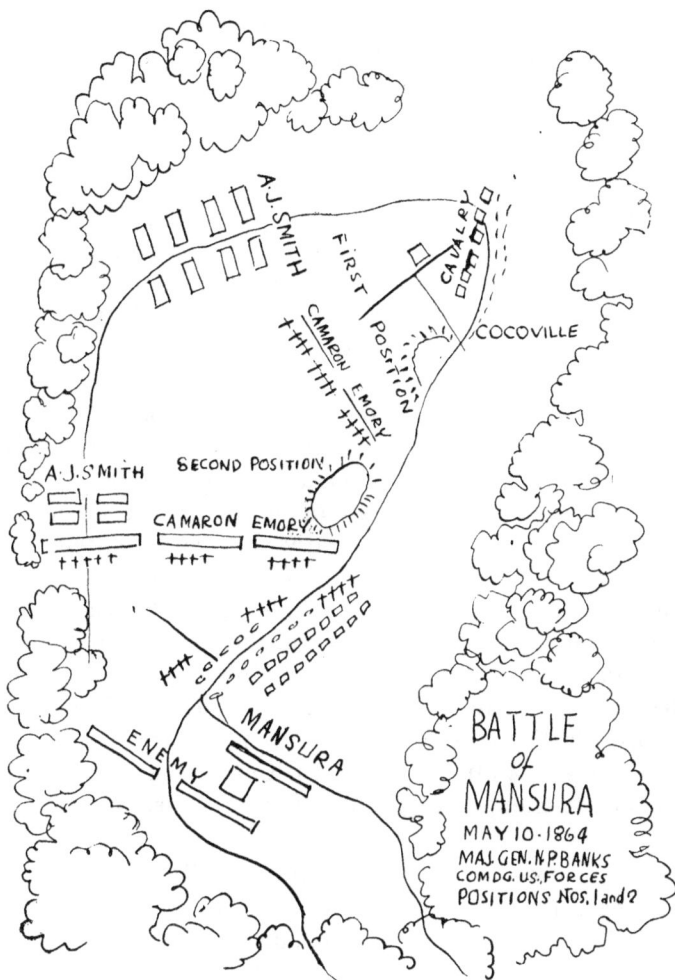

BATTLE
of
MANSURA
MAY 10·1864
MAJ. GEN. N.P. BANKS
COMDG. US. FORCES
POSITIONS Nos. 1 and 2

et sur la rivière, arrivant à Alexandrie le 19 mars. Le général Franklin marcha d'Opélousas presque directement au nord à Alexandrie, le tout formant une armée de 00,000 soldats et une flotte de vingt "Ironclads" et vingt-sept transports, la plus puissante flotte jamais vue sur une rivière.[64]

Revenons aux Avoyelles. Le Fort de Russy fut repris par les Confédéres. On y plaça dix canons et construisit des terrasses au début de 1864. Neuf milles plus bas, on posa des em-

---

[64]Noll, A. H., *General Kirby Smith, U. of Tenn.*, Sewanee, Tenn., p. 31.

pêchements en forme de radeaux attachés aux rives et au lit de la rivière. Néanmoins, quand Smith débarqua son armée à Simmesport, le général J.-G. Walker, confédéré en charge de la defense de la région, voyant que son armée était dans les proportions de quatre à dix de celle des Fédéraux, se retira vers Evergreen par le Bayou des Glaises. L'armée de Smith passa par Norwood Plantation le 13, ensuite Moreauville, puis la prairie de Marksville, arrivant au fort à quatre heurs le 14. Entre Simmesport et Marksville, il y eut plusieurs escarmouches òu le général Walker avait les brigades de Scurry, Howes et Randal. Ils avaient démoli les ponts de Bayou du Lac, de Yellow Bayou et de Bayou des Glaises afin de dérouter l'ennemi. L'attaque du fort fut faite par deux régiments (on a dit aussi 23,000 soldats) sous le commandement du général J.-A. Mower. Premièrement, on bombarda, ensuite on escalada les parapets de 20 pieds. La garnison, preparée pour trois mois de résistance, se rendit après une heure de combat. Les Fédéraux perdirent trente-quatre combattants, les Confédérés en perdirent cinquante. En outre, plus de 200 prisonniers furent pris et dix canons. Dans ce court espace de temps, on employa 60,000 cartouches et 10,000 fusils. Après avoir démoli complètement le fort, Mower et ses hommes s'embarquèrent et continuèrent avec l'armée de Smith à Alexandrie. Peu après, la flotte de Porter rompit le "radeau" sans difficulté et arriva à Alexandrie le 15 mars. Cette ville fut prise le 16 et brûlée entièrement. Le général Taylor se retira vers Natchitoches.

Il est à noter que l'armée fédérale débarqua à Simmesport et marcha à travers la paroisse des Avoyelles jusqu'au Fort de Russy. Là, une partie s'embarqua sur les transports avec l'armée de Smith et continua tandis que l'autre suivit la route de la rivière à pied avec les équipages du train. On suivit la même route au retour le 13 mai. Seulement, les Avoyelles furent ruinées par les combats continuels et la destruction générale de la guerre. A Wilson's Landing, le 14 mai, eut lieu la première bataille sur le sol des Avoyelles. Le lendemain, on engagea l'ennemi, principalement la cavalerie, dans la prairie de Marksville à la levée du soleil. Le 16, près de Mansura, à la jonction de trois chemins (à Moreauville, à Simmesport et à Cheneyville), on attaqua l'ennemi en forme. Placés au bord d'un bois, les Fédéraux avancèrent sans découvrir les rangs des Confédérés. Bientôt ils virent quatre batteries de grosses pièces excellentes. La bataille dura quatre heures. Après cela, on poursuivit l'armée fédérale jusqu'à Moreauville òu le 17 il y eut une escarmouche. Le colonel Dickey, nègre, fut attaqué à cinq milles de Simmesport au bord du Bayou des Glaises. Il perdit douze hommes, les Confédérés perdirent neuf le leurs 300 combattants. Le 18, de dix heures du matin, jusqu'à quatre heures de l'après-midi, la bataille fut à Simmesport à la jonction des deux bayous. Les Fédéraux perdirent 267 soldats tandis que les Confédérés perdirent 452 soldats d'une armée de 8,000 sous le commandement de Camille Polignac et de Wharton.[65] Pendant ces deux mois d'action, l'armée de Walker marcha sept cents milles, poursuivant l'armée fédérale de Simmesport à Alexandrie aussi bien qu'à son retour. Walker prépara trois batailles en forme et plusieurs escarmouches.

L'action navale fut également continuelle. Le premier mai, les Confédérés prirent le transport "Emma" à David's Ferry avec un régiment d'Ohio. Ils capturèrent les bateaux à vapeur *Signal* et *Warner et* détruisirent le *Covington*. Naturellement, il y eut plus d'action à Simmesport òu le major Thomas A. Faries et le lieutenant Bennet attaquèrent les "Ironclads" fédéraux *Chillicothe, Neosha* et *Fort Henderson* le 8 juin 1864. Faries perdit trois hommes. Il se retira à sa batterie à Norwood Plantation. Les Fédéraux arrivèrent à l'embouchure de la Rivière Rouge le 21 mai. La paix fut signée peu après cette expédition militaire mais il n'y eut pas de véritable paix aux Avoyelles. La misère qui suivit la période de guerre fut des plus grandes. La nourriture devint rare et chère. Le pays dévasté était dépouillé de maisons, de ponts et d'animaux. Non seulement on avait ces conditions matérielles à résoudre mais encore celles de la politique. Aujourd'hui, on se rend compte que la période appelée "reconstruction" fut pire que celle de la guerre. Les conditions imposées par les "carpet baggers" rendaient impossible le fonctionnement d'un gouvernement équitable. Graduellement, vers 1878, l'ambiance changea; mais la paroisse n'attint point la prospérité dont elle jouissait immédiatement avant la guerre.

Vers la fin du dix-neuvième siècle, en 1898, les Etats-Unis déclarèrent la guerre à l'Espagne. Cette lutte s'engagea à Cuba. Il ne se fit pas de conscription en Louisiane. Deux jeunes hommes

[65]*War of Rebellion*, Official Records of the Union and Confederate Armies, Series I, Vol. 37, p. 163 to 193.

seulement des Avoyelles s'enrolèrent: H.-E. Dupuy (Pic) et Marion Joffrion, tous deux de Marksville. Ce dernier mourut de la typhoïde à Jacksonville, Florida. Ce fut le sort d'un grand nombre de combattants dans cette guerre òu des épidémies étaient plus désastreuses que les canons. M. Dupuy peint les camps de l'époque d'une manière fort lugubre, avec des privations non imaginées par les soldats de l'ére moderne. La guerre fut de courte durée. Aux Avoyelles, on aima le nom du héros "Dewey" et on le donna à des enfants nés à cette époque.

L'intervalle de paix passa vite car, le 6 avril 1917, le président Wilson recommanda au Congrès des Etats-Unis la déclaration de guerre contre l'Allemagne qui s'obstinait à poursuivre sa guerre de sous-marins sans restriction. Le Congrès dressa l'acte de conscription pour les hommes âgés de 21 à 31 ans. On les envoya aux camps militaires où ils recevaient l'instruction nécessaire pour la poursuite de différentes activités belligérantes. Un de ces camps s'éleva dans la paroisse voisine de Rapides à trente milles de Marksville. Il va sans dire qu'il ne consistait pas de constructions luxueuses, toutefois, il servit à abriter les jeunes recrues. On le nomma "Beauregard" en l'honneur d'un général Louisianais de la Guerre Civile. Les bâtisses furent érigées dans trois semaines avec une rapidité presque magique sur une étendue immense.

Les organisations civiles se multiplièrent et les dames se reunissaient pour confectionner des vêtements d'hôpitaux et des chandails kakis pour les soldats tandis que les jeunes filles préparaient des boîtes de vêtements pour les orphelins belges. Il fallait souscrire aux "Liberty Bonds" afin d'aider au gouvernement à financer la guerre et à combattre l'inflation. Le coût de la vie augmenta précipitamment. Aussi, recevait-on un prix élevé pour ses produits, tel que quarante sous pour la livre de coton, la ressource principale des Avoyelles. On lança des plans pour économiser la nourriture afin d'en envoyer aux Allies. On les appela "meatless, sugarless days". Chaque semaine portait ses jours de restriction. Le combat cessa le 11 novembre 1918. Des 1169 combattants des Avoyelles, 61 moururent sur le champ de bataille, 26 furent blessés. Le gouvernement érigea près du local de Camp Beauregard, un magnifique hôpital ou les anciens soldats reçoivent des soins médicaux gratuits. Il institua pendant la guerre le plan d'assurance-vie pour les membres de l'armée, plan qui facilita la vie des veuves et des orphelins de la guerre.

Les combattants de cette guerre s'organisèrent à Paris en 1919 en "l'American Legion". Aux Avoyelles, on forma trois groupes que l'on appela le Prévot-Johnson situé à Marksville, Albin-Prévot à Bunkie et Ducoté-Bordelon à Cottonport. Le but est à la fois social et civique. Plusieurs oeuvres de bienfaisances en résultèrent.

Souvent, pendant ces deux années de combat, on nous représentait le conflit comme final. Quelle cruelle déception! Il se répéta presque totalement de 1941-1945. Après bien des préliminaires, le Japon attaqua les Etats-Unis à Pearl Harbor le 7 décembre 1941. Le lendemain, les Etats-Unis déclarèrent la guerre à ce pays et à ses alliés : l'Allemagne et l'Italie. Envisageant cette possiblilité, le Président Roosevelt conçut en juin 1940 le plan militaire. On passa l'acte de service et la conscription fut imposée en octobre. Les hommes entre les âges de 21 à 35 ans étaient 4665 aux Avoyelles en outre des 120 qui s'enrolèrent d'avance. Le procédé de construire des camps militaires fut repris; mais sur une échelle plus élevée. On construisit deux énormes camps près d'Alexandrie que l'on appela "Camp Claiborne" et "Camp Livington". A cette époque, un grand nombre de personnes cherchaient de l'emploi, car la crise économique continuait à se manifester. La construction des camps et leur entretien donnèrent de l'emploi aux gens des Avoyelles qui se transportaient soit dans des camions, soit dans leurs automobiles. La prospérité se développa subitement. Des ouvriers sans expérience reçurent dix dollars par jour, gages fantastiques qui ressemblaient plus aux gages mensuels d'autrefois. On lança des "salvage drives" pour rassembler des articles nécessaires à la poursuite de la guerre tel que le fer. Les écoliers des Avoyelles recueillirent 1,048,730 livres de "scrap metal" pendant l'automne de 1942. Les élèves du Couvent Présentation atteignirent la moyenne de 699 livres chacun. On lança également des "drives" pour vendre des "war bonds" et "war stamps". Les Avoyelles dépassèrent leur quote-part d'un million de dollars en 1942 et 1943.

Les cultivateurs des Avoyelles s'efforcèrent de produire le plus possible afin de pouvoir envoyer les effets nécessaires aux Alliés d'outremer. Quoique de tous temps, on cultivât le jardin potager dans la paroisse, il devint plus à la mode. Il était appelé "Victory Garden". On presenta des certificats aux familles qui produisaient leur nourriture elles mêmes. En mars 1942, cinquante-sept familles reçurent ce certificat pour avoir produit plus de 75% de leur nourriture. Le club 4-H des Avoyelles reçut le premier prix de la Louisiane pour avoir produit plus de coton par acre—2120 livres. Cet honneur alla à Allen J. Mayeux de Moreauville tandis que Annette Bordelon de Hessmer gagna le prix pour une composition intitulée "Sound Farm Financing". L'industrie apparentée, l'élevage, fut encouragée également. La région de Hamburg servit de modèle pour élevage sur le trèfle naturel pendant l'automne et l'hiver. Des groupes la visitaient pour étudier les conditions. La production de la viande fut de grande importance puisque sa consommation se limitait à tant de livres par personne. Le contrôle de la vente de la viande aussi bien que de celle d'autres articles se maintint par le moyen de timbres fournis par le gouvernement. Ce projet amena la fermeture de plusieurs épiceries et "filling stations" qui devenaient trop nombreuses dans la paroisse.

Un autre résultat de la nouvelle forme de combat fut "l'air warden". On organisa le service de façon à en avoir un dans chaque village. Il s'occupait de préparer la défense de son village contre un "air raid". Dans toutes ces actions de défense, les dames prenaient part même dans l'armée puisqu'il y avait des "Waves" et les "Wacs", organisations de jeunes filles pour le service de la marine et de l'armée. Parmi les familles nombreuses des Avoyelles, souvent plusieurs membres servaient le gouvernement dans cette lutte atroce. Tous éprouvèrent un délire excessif quand elle se termina en août 1945 avec le premier emploi de la bombe atomique à Hiroshima. Mais l'ambiance militaire continua à se manifester dans la paroisse, surtout à Marksville situé à trente milles des camps. Là, les soldats accouraient par centaines pour les fins de semaine. Là aussi logeaient un grand nombre d'officiers qui, pendant le "housing shortage", ne pouvaient trouver de logement ailleurs. Un troisième groupe de militaires visitaient les Avoyelles: les jeunes maris qui retournaient au foyer des parents de leurs femmes où, souvent, ils voyaient leurs enfants pour la première fois. Ce problème de loger trois générations sous le même toit donne aux grand'mères le privilège d'élever leurs petits-enfants. Parmi les jeunes femmes, il s'en trouva qui suivirent leurs maris de camp en camp, voyageant dans des trains comblés, faisant parfois le voyage debout dans les couloirs. Bien que les conditions fussent meilleures après la guerre, d'autres, tel que le coût de la vie, devinrent pires.

Sous une forme ou une autre, tous les pays ont leurs inconvénients.

LES DESASTRES: Aux Avoyelles, le pire est les inondations. Elles sont inévitables étant donné le grand nombre de fleuves et de tributaires qu'il y a dans la paroisse.

Ces événements arrivèrent dès le début de la colonisation, car les premiers historiens de la Louisiane en parlent dans leurs récits. Il est probable que ces conditions aient existé de tout temps puisque la formation du sol de ce terroir est d'alluvion.

Quoique le système de levées (digues) ait ámelioré les conditions, il n'a pas enrayé les inondations complètement. Après les eaux hautes, il faut recommencer à faire les levées. Soit qu'une crevasse (rupture) se forme ou que l'eau passe par dessus la levée, elle est à recommencer et c'est un travail pénible et dispendieux.

L'inondation la plus désastreuse fut celle de 1927, quand presque toute la paroisse fut submergée à une profondeur variant de deux à vingt-cinq pieds. La désolation fut particulièrement pénible à Moreauville òu la levée avait cédé, formant une crevasse profonde. La belle maison, résidence du Docteur George-R. Fox, fut démolie par la force du courant, aussi bien que les maisons des fermiers des environs. La situation fut à peu près la même pour toute la région basse de la paroisse telle que: Plauchéville, Bordelonville, où il y avait du beau maïs, du coton, des cannes à sucre, des légumes, des fleurs de toutes espèces, car c'était le printempts, avant la dévastation. Après, il ne restait que trous, rigolets, buttes de sable et débris de toutes sortes.

Des familles furent évacuées par centaines. Transportées par la Croix Rouge dans la paroisse voisine, elles y demeurèrent dans des tentes pendant la durée de l'inondation. L'on fit de même pour les animaux. Cependant, les pertes furent considérables. Un fort grand nombre de bêtes se noyèrent avant d'être secourues, car le coup frappa soudainement.

Le retour vers ces terres ruinées par endroits fut une dure épreuve. Après la destruction et l'envahissement de l'eau, il fallait lutter contre les mauvaises herbes, les lianes de toutes sortes et les insectes qui se multiplient toujours dans de telles situations.

En outre des inondations, il eut plusieurs désastres de grande importance. Une tempête frappa les Avoyelles en 1794 qui dura plusieurs heures (Document no 38, Archives des Avoyelles).

A notre connaissance, l'ouragan le plus effroyable arriva le 26 septembre 1918 quand quatre enfants de M. Albert Caldwell furent tués dans la maison qui fut emportée et brisée en petits morceaux. Cela se passa près de Marksville, pas loin d'où se déroula en 1892, un événement du même genre. En 1908 et en 1923, l'endroit frappé fut le premier "ward" (canton) ou plusieurs personnes périrent. Le 30 avril 1940, une tempête de vent et de grêle causa énormement de pertes dans toute la paroisse. Des centaines de maisons furent détruites ou endommagées; les récoltes furent ruinées. Il a fallu recommencer à planter.

Des pluies torrentielles en 1947 causèrent de grandes pertes. D'autres années, ce fut le manque de pluie qui ruina la source d'existence, la moisson; un grand nombre de familles de la paroisse n'ont eu, de tout temps, que cette source d'eau potable. Il s'ensuit qu'il y eut beaucoup de souffrance pendant les sécheresses. Il faut aussi mentionner les variations de température. Où la population n'est pas préparée pour de gros froids, il est évident qu'il y a de la souffrance. Il neige à peu pres tous les cinq ans; mais la neige disparaît le lendemain.

LES LEVEES: Si les nombreuses rivières offrent au territoire des Avoyelles des avantages, il n'est pas moins vrai qu'elles l'exposent à beaucoup d'inconvénients. Pendant son histoire de deux siècles, les problèmes de contrôler les inondations a toujours occupé le premier plan; mais la façon de chercher la solution a évolué constamment. Cette histoire comporterait trop de détails pour les énumerer ici. Il suffit de souligner les grands traits seulement. Bienville aborda ce problème des les premières années de sa colonie. Il adopta le plan de la Hollande, c'est-à-dire celui de construire une levée afin de confiner l'eau à une limite de surface. Ce plan se développpa au fur et à mesure que les conditions changeaient avec chaque inondation aux Avoyelles. La construction de chaque levée resta la responsabilité du propriétaire jusqu'à 1873, quand on vota une taxe pour construire une levée sur le bord de la Rivière Rouge de la ligne de la paroisse Rapides à la côte de Moncla ou David's Ferry. Ensuite, on divisa la paroisse en districts dont le premier fut appelé "Red River, Atchafalaya and Bayou Boeuf Levee District" fondé en 1890. Pour l'administration, on nomma un "board." Dernièrement, en 1938, on consolida les trois districts en un seul couvrant une superficie de 345,000 acres. Le gouvernement fédéral commença à s'y intéresser en 1917. En 1928, il en prit toute la responsabilité. Depuis ce temps, on entreprit pluiseurs projets destinés à contrôler ou améliorer les conditions d'égoût et d'inondation dans la paroisse. D'abord en 1929, on commença "Bordelonville Concrete Floodgate." Terminé en 1931, il coûta $297,756.30 dont la paroisse paya $238,751.28 et l'Etat le reste. Un autre projet de ce genre s'appela le "Moreauville Diversion Channel" qui est un canal construit de Bayou des Glaises au Golfe du Mexique, complété en 1939; il coûte au gouvernement fédéral $109,522.68. Un troisième projet appelé le "cut-off system" consiste à couper les coudes ou courbes des rivières afin de faciliter le courant et ainsi permettre à la grande quantité d'eau de s'évader le plus tôt possible. Les deux "cut-offs" de la Rivière Rouge sont le "Eddy Cut-Off" construit en 1939 et le "Saline Cut-Off."

Le "spillway," nouvelle méthod de contrôle, fut inauguré dans la région de la Pointe Coupée au sud des Avoyelles en 1941. Il coûta au gouvernement fédéral $263,761.07, c'est-à-dire que 51.63 milles du projet coûtèrent cette somme. Naturellement, le "Spillway" sert d'égoût pour les Avoyelles. Le problème d'égoût semble être en la voie de solution. Le "State Department of Public Works" a examiné la situation et a recommandé la construction de canaux dans plusieurs endroits. Ce plan fut suivi et l'on voit cette année, 1949, beaucoup de travail de ce genre. Des énormes "culverts" de métal se posent en travers le chemin afin de permettre au courant d'eau de continuer. L'Etat paie $250,000.00 et la paroisse $350,000.00 pour cela.

La façon de construire la levée évolua avec le progrès. A l'époque ou le propriétaire la faisait elle était bâtie par les esclaves ou par un ouvrier quelconque travaillant à la journée. Ses outils consistaient en une brouette et une bêche. Le projet s'accomplissait lentement malgré ses dimensions minimes de deux ou trois pieds de hauteur. Ensuite, la paroisse ou le district prit charge du travail, le passa au moindre enchérisseur, un contracteur de métier qui employait des ouvriers à gages. Bien que l'on gardât la brouette et la bêche pour les endroits difficiles, la plus grande partie du halage de terre se fit avec des mulets attelés aux "scrapers." Les dimensions augmentèrent considérablement, car les inondations devenaient de plus en plus hautes.

La construction se compliqua, car il fallait suivre des règles imposées par les commissaires, autrement dit le "board," en charge du projet. Le troisième procédé nous amène à l'heure actuelle, l'ère de la machine. Elle remplace les bras de l'homme qui faisait le travail au début de ce siècle. Ces changements se déroulèrent dans le cours de la vie des personnes de cinquante ans.

La mention des villages au cours de cete étude a pu éveiller un intérêt dans leur développement. En tout cas, nous voulons indiquer l'origine et l'importance des hameaux dans l'histoire des Avoyelles. Nous présentons la liste alphabétiquement: *Big Bend* . . . Ce nom vient du coude de trente milles formé par le Bayou des Glaises qui croise trois fois la partie est de la paroisse. Les premiers colons s'établirent au long du bayou sur les terres des plus riches. En 1840, quand le sénateur Pierre Couvillion éclaircit l'intérieur avec l'aide des forcats de l'Etat, ses voisins se parlaient de leurs galeries faisant la "gazette." Dans cette région se trouvent les plus grandes plantations de la paroisse telles que: Roxmère, Glenwood, Wayside et Purdy Hess. Elles sont au sud du bayou tandis qu'au nord il y a une vaste étendue de terre boisée appartenant à des compagnies de scierie. Certaines régions ont d'excellents pâturages où l'on voit des troupeaux de Herefords, Black Angus et Brahmas. Parmi les résidences intéressantes, l'on aperçoit celles de Blakewood, de Roska et de Byron Lemoine au long du bayou, pas bien loin de l'écluse du "Diversion Canal," projet d'égôut de la paroisse. A quelques milles à l'est se trouve "Sarto," anciennes traverse du chemin de fer "Louisiana Railway & Navigation."

Bordelonville: A peu de distance de Big Bend se trouve le hameau de ce nom, où la plupart des habitants portent le nom de Bordelon, dont les ancêstres étaient: Marcelin, François, Phostin, Verchuse et Zenon. Les autres pionniers qui se joinirent aux Bordelon se nommèrent: Fulgence Coco, Edmond Tassin, Jimmie Stafil et le Docteur Leroy K. Branch. Albert Baillio fut le premier maître d'école. Les maisons furent construites au bord du Bayou des Glaises de façon à donner l'apparence d'un village. Il y a un chemin de gravier au long du bayou. Le chemin de fer "Louisiana et Arkansas" changea de voie en 1927 mais plus tard en fit une de Moreauville, distance de cinq milles. Il n'y a pas de service d'autobus. On a établi ici une église, une école, trois magasins, une salle de danse et une taverne et des moulins à coton. Près de ce petit village, sont situés les hameaux de Rexma, Kleinwood et Voorhies. Les fermes au long du bayou sont étroites et profondes, par conséquent le dense groupement de résidences semble un village. La plupart d'elles sont d'ancien style.

Bunkie: Ce village de 3575 âmes situé dans le sud-ouest de la paroisse fut appelé d'abord "Irion" en l'honneur de son fondateur le major Irion, héros de la Guerre de 1812. Il fit la première éclaircie de cette terre boisée à la façon de l'epoque en brûlant les troncs d'arbres mis en tas. En 1879, le capitaine Samuel Hass, héros de la Guerre Civile s'y établit. Il avait une petite fille qui disait "Bunkie" pour "monkey," son petit singe. On nomma l'endroit pour l'enfant qui devint plus tard Madame Clarence Strausse. Ce nom date de l'événement principal dans son histoire, la construction du chemin de fer "Texas and Pacific" en 1882. Bientôt Bunkie devint un "shipping center" (centre d'expédition) pour toute cette région de terre d'alluvion. En 1887, on expédia 1,887 balles de coton de sa gare. On y cultiva la canne à sucre également, commençant à fabriquer le sucre en 1885. Plus tard, la production de sucre dépassa celle de coton. Près de la gare s'élevèrent plusieurs magasins, un bureau de poste, un hotel nommé "Ernest," un "livery stable" et une école. Au début de ce siècle, les industries commencèrent à se développer. Ici, se fit le premier "soda pop" par la manufacture de C.-J. Pope et de Henry Cook en 1903. On érigea une manufacture de cercles de barils. Bunkie a aujourd'hui le plus grand rucher d'abeilles dans le Sud du pays où, en outre, on fabrique les approvisionnements pour cette industrie. Les "Overbey Apiaries" sont des ruchers non pas seulement dans toute la paroisse mais dans les autres Etats et même au Canada. Le commerce s'étend à l'Amérique du Sud, en Europe et en Afrique. Ici se trouve le local pour le "United Gas Corporation" aussi bien que celui du "Louisiana Ice and Electric Company." Au point de vue commerce, il y a le "Avoyelles Wholesale Company" qui a des succursales dans les autres villages. Dans les environs sont placés deux grands moulins à coton, deux moulins à sirop et un moulin d'huile à coton. Récemment, l'on s'intéresse grandement à cultiver des choux et des piments verts pour l'expédition. Le village a tous les conforts modernes, y compris un hotel à air climatisé. Les organisations sont nombreuses: les Boy Scouts, le Garden Club, le Lions' Club, le Rotary Club et le "Avoyelles Country Club" à cinq milles du village, et ce sont seulement les principales organisations de ce village alerte. Elles s'intéressent toutes aux améliorations sociales et civiles. Récemment, on a organisé le "Better Business Bureau" qui encouragea le "Bunkie Trade Mart" pendant les journées des 28, 29, et 30 avril, 1949, où des milliers de personnes patronisèrent ce nouveau marché au grand air. Au point de vue d'agences, Bunkie dépasse tous les autres villages. Il y a ici quinze agences d'automobiles. Aujourd'hui, l'on trouve à Bunkie plusieurs temples protestants et une église, un grand lycée, un gymnasium ou hall pour amusements de toutes sortes. Le village jouit du Jefferson Highway, voie pavée qui traverse l'Etat. Mais au point de vue purement historique des Antebellum résidences dans les environs de Bunkie occupent le premier plan. Ce sont celle du Docteur David Haas, "Cak Hall," celle de Mme James Dudding, celle de S.-S. Pierce et le Taliaferro Homestead. Toutes contiennent des trésors de meubles antiques, de couverts d'argent, etc. "Oak Hall," plantation à l'ancienne manière, présente une vue imposante avec sa porte de mille dollars, son superbe jardin où se trouvent mille rosiers de tous les genres aussi bien que de nombreuses plantes qui se cultivent dans ce sol riche et ce climat semitropical.

Center Point: Ce petit hameau est situé dans le premier "ward," c'est-à-dire au nord de la Rivière Rouge. Les premiers colons l'appelèrent "Pointe Maigre" peut-être parce qu'il est sur les côtes (terres pauvres). Tout d'abord, ils s'intéressaient à l'élevage principalement; ils menaient les animaux au marché de la ville d'Alexandrie. La seconde industrie, celle du bois, se développa à cause d'une varité étonnante. Parmi les pionniers figuraient les noms de McNeal, William Maxwell, Ryland, Clark, Fouqua, Dauzat, Scroggs, Hiram McCann, Guillory, Hays, Duprée, James Ferguson, William Sergess, Louis White, John Aymond, Pierre Ferguson, et Martin Sayes. Ce dernier servit de membre de jury de police en 1836, honneur qui fut conservé à chaque génération dans cette famille jusqu'à l'heure actuelle. Les premiers marchands furent: Drauzin, Luneau et Ryland. On érigea de bonne heure un temple baptiste qui brûla peu après la Guerre Civile. Près de ce lieu, on fonda les cimetières de Oak Grove et de Guillory où sont inhumés, à l'époque actuelle, tous les morts du premier "ward." Au point de vue historique, les petits cimetières de Richey et de French offrent un grand intérêt.

Vers 1820, non loin de Center Point, situé sur le bord de la Rivière Rouge, figurait le petit hameau de Cassandrie qui disparut après l'ère des bateaux. Dans ces environs, à la même époque, s'étendirent les plantations de maïs, de coton et de tabac de Joseph Holmes et de Samuel Glass. A la mode du temps, il y avait des "landings." Plus haut, près de la ligne de la paroisse de Rapides, William Grimes acheta vers 1838 une terre d'environ 10,000 arpents. Là, il construisit une maison comparable à sa position sociale. Cette résidence fut bombardée par les canons des Fédéraux pendant la "Red River Campaign" de 1864. Réparée plus tard, elle finit par tomber dans la Rivière vers 1927. Aujourd'hui, presque tout le premier "ward" est boisé. Après la guerre et la libération des esclaves, on introduisit le système de fermes. Les nègres disparurent de cet endroit. Au début de ce siècle, il y avait sept petites écoles dans cette région nommées: Sayes, Guillory, Grimes, Vick, Lower Vick, McCann, et Center Point. En 1929, on fonda le "Lafargue High School" sur l'ancien local de l'école Guillory nommé d'apres A.-D. Lafargue, surintendant de l'Etat de la Louisiane de 1892-1896. On ferma les petites écoles et transporta les élèves du nouvel high school de $45,000. Le Kelly autobus, le premier à le faire, commença à faire le trajet entre Marksville, Lafargue et Alexandrie en 1947. Il suit le chemin gravelé qui fut construit en 1925.

Cottonport: Ce village qui compta 1,196 habitants en 1940 remote à 1808 quant Joseph Ducote épousa Marguerite Bordelon. Il se procura une terre sur le Bayou Rouge pour cultiver du

coton. Bientôt trois autres jeunes couples s'y établirent. En
1835, on fonda une école privée sur la terre de Joseph Ducoté.
Le lycée d'aujourd'hui commença comme école publique en 1900.
Le couvent ouvrit la même année et ferma en 1919. L' "Avoyelles
Parish Trade School" et le "Don Bosco Boys' Home" furent
érigés à Cottonport il y a quelques années. En 1856, Jérome
Callegari ouvrit le premier grand magasin. Le système de transport à l'époque se limitait au service du bayou; mais en 1895,
le "Texas and Pacific" traversa ce territoire, donnant ainsi le
service de chemin de fer. Depuis la construction de chemins
gravelés et pavés, le service de camions dépasse les autres. Deux
autobus font le transport du courier et des passagers de Bunkie
et d'Alexandrie. Les principaux articles de commerce ont toujours été: le coton, le sucre (le sirop) et le bois. Pour cela, il y
a deux moulins à coton et un moulin à sirop. En outre, le village
a cinq magasins, cinq épiceries, cinq garages, une forge, trois
boucheries, deux scieries, deux pharmacies, deux restaurants,
deux laiteries, deux barbiers, un salon de beauté, une banque,
une compagnie de téléphone, un "wholesale," une boulangerie, un
"cold storage," une taverne de "jax beer," une "Sinclair station"
et une salle de "pool."

Cottonport a les mêmes organisations qui se trouvent ailleurs. Les chevaliers de Colomb s'organisèrent en 1907 avec
quarante-cinq membres. L'année suivante, le même personnel
organisa le "Woodmen of the World" qui, en 1912, avait 152
membres. En 1931, on organisa l'American Legion avec soixante
membres. Les dames ont leur "bridge club." Les jeunes personnes ont le "Young People's Orchestra." Toutes sont pour
fins d'amusements. D'autres organisations sont: le "Home
Demonstration Club," le "Medical Association," la "Parents-
Teachers' Organisation," le "Future Farmers of America," l'
"Avoyelles Parish Farm Bureau," la "Avoyelles Cattlemen's Association" et ont un but professionnel. Cottonport jouit de tous
les conforts modernes. Il est gouverné par un maire et un
"board" de cinq échevins. Le maire recevait en 1936 cent dollars
par an, les autres, douze dollars par année.[66] Comme les autres
villages de la paroisse, il s'étend rapidement depuis la guerre.

Effie: Il suffit ici, de souligner quelques faits, car cet endroit

---

[66]Bordelon, Marjorie—*A Study of a Rural Town in Louisiana*, Master's
Thesis, Tulane University, New Orleans, 1936, Chapter II.

a déjà été mentionné. Il s'agit d'un bureau de poste situé dans le magasin de M. Ryland et un poste d'essence devant le magasin. Au long du chemin gravelé, l'on voit plusieurs maisons intéressantes dans un cadre d'arbres d'une grande beauté. Les habitants se nomment: Sayes, Aymond, Fuqua, Ryland, Luneau, McNeil, McCann, Wiley, Woodson, Dauzat, Guillory, McGhee et Paul. Non loin du bureau de poste, sur le bord de la Rivière Rouge sont les anciens locaux de Cassandrie reduit à quelques résidences et l' "Experiment Plantation" ruinée par les débordements de la rivière. Toutefois, Effie n'a jamais subi ce sort étant sur les côtes.

Egg Bend: A quelques milles d'Effie sur le côté sud de la rivière, l'on arrive à la communauté jadis appelée Egg Bend. L'on dit que cette appellation fut donnée par les capitaines de bateaux qui étaient frappés par la grande quantité d'oeufs amassés ici. Avant cela, l'endroit se nommait Isle de Côte par les pionniers parce que pendant les inondations il demeurait entouré d'eau. A l'époque actuelle, on le designe "Fifth Ward," d'après le nom du lycée fondé en 1931 qui est aujourd'hui un centre efficace de vie rurale. On emploie le mot même quand on désire exprimer un endroit localisé. Il semble que les premiers habitants à s'établir ici furent Joseph et Clément Carmouche dont les noms figurent dans les vieux documents de 1790. Ils furent suivis par les Lemoine, Juneau, Bonnette, Laborde, Vide, Dauzat, Guillot, Lamartinière et Dubroc. En 1857, Patrick Kélone vint d'Irlande à cet endroit, et s'intéressa aux améliorations du pays. Groupés autour du lycée, l'on voit un moulin à coton, un magasin, une église de style normand et plusieurs résidences. Le bureau de poste d'autrefois ferma vers 1930 quand il fut fusionné avec celui d'Echo dans la paroisse voisine de Rapides. Un chemin pavé réunit Marksville et Alexandrie, passant par "Fifth Ward" qui rend le service d'autobus possible. Avant l'arrivée des automobiles, on allait en voiture soit à Echo pour prendre le chemin de fer "Louisiana Railway and Navigation," soit à Marksville, distance d'à peu pres vingt milles pour prendre le "Texas and Pacific." Le "Fifth Ward" est tout à fait rural, les cultivateurs son de petits fermiers vivant en grande partie des produits de leurs fermes. Ici, l'on trouve le type le plus fidele aux anciennes coutumes de leurs ancêstres.

Eola: Nommé d'apres Eola Irion, fille du Juge A.-B. Irion, ce hameau est situé sur le chemin de fer "Southern Pacific" dans le dixième "ward" près de Bunkie. Il date de 1881, année de la construction de ce chemin de fer, événement qui causa la disparition de Holmesville. Les pionniers qui arrivèrent des la premières année furent D.-B. Hudson, A.-B. Irion, T.-G. et J.-C. Caldwell et les frères O'Neil. Le bureau de poste est entre les mains du marchand G.-B. Hudson. Les principales industries sont celles de la culture du cotton, de la canne à sucre, l'exploitation du bois et du pétrole, ce dernier produit seulement dupuis le 18 janvier 1939, jour de grande réjouissance dans toute la paroisse. En juillet 1948, on tira 251,354 barils de pétrole et 424,-750,000 pieds cubiques de gaz de ce puits. On estime une exploitation possible de 21,320,000 barils de pétrole.

Evergreen: Ce petit village de 384 âmes offre un vif intérêt historique. Il fut tracé sur la plantation d'Alonzon Pierce avant la Guerre Civile et reçut sa charte en 1869. Son nom vient des beaux arbes de magnolias qui donnent un charme spécial aux anciennes résidences de cet endroit. La première plantation de sucre appartenait à John Ewell, venu en 1827 avec son frère, William. Il érigea son domicile en 1845, à deux étages à la mode des planteurs de l'époque. Deux autres de ce genre, élevés dans les banlieues d'Evergreen étaient désignées par les noms de Pierce et Wright Plantations. En 1856, on ouvrit l' "Evergreen Home Institute" qui devint plus tard "Evergreen College" pour les étudiants externes et internes. Les fondateurs furent John Ewell, Joseph Cappel, M.-M. Mathews, T.-P. Frith, Alonzon Pierce, Robert Irion, Lemuel Miles et J.-H. Marshall. Les professeurs pour la plupart venaient d'ailleurs; étant des personnes cultivées, ils créèrent l'ambiance de ce nouveau poste tant par l'instruction que par les moeurs. Une des premières maîtresses de petites écoles privées fut Mlle Mary McDonald. Son école était dans le village mais les écoles de ce genre s'installèrent dans les plantations aussi. C'est ici que se trouve le plus ancien temple baptiste. Erigé en 1841, il paraît être en excellente condition. Non loin du temple est le cimetière contenant d'intéressantes épitaphes sur des monuments de formes variées. Dans le même voisinage, on voit le temple méthodiste aussi intéressant sinon aussi ancien que celui des baptistes. Evergreen employa le

Bayou Rouge pour la navigation au début de son existence. Quand il cessa d'être navigable, l'on commença à transporter les produits en wagons à Bunkie pour les expédier par le chemin de fer. Aujourd'hui, les camions ont remplacé les autres modes de transport. On va directement au marché avec ses produits.

Gold Dust: Autrefois la plantation de M. Gaudin, cet endroit acquit un bureau de poste en 1906, peu aprés la construction du chemin de fer "Southern Pacific." M. Gaudin qui démeurait à la Nouvelle-Orléans, venait ici pour des parties de chasse au temps des Indiens. Il s'attacha au lieu et l'acheta. Il y cultiva la canne à sucre et il établit une sucrerie. Elle fut démolie vers 1900. Sa résidence de style français colonial subit le même sort. La citerne ou reservoir d'eau potable fut des plus grandes qu'il y ait. Trés profonde, ayant un diametre de quatorze pieds, elle avait un goulot de quatorze pieds de haut. Comme ailleurs, cette propriété fut divisée en fermes et en y fit la culture du coton. Les habitants d'aujourd'hui se nomment White, Vernon, Milburn, Kellar et Luther Morrison. Gold Dust absorba Milburn, bureau de poste fondé en 1889. Gold Dust est situé dans le coin sud-ouest de la paroisse près de la ligne de la paroisse voisine de St.-Landry.

Goudeau: Non loin de Gold Dust fut fondé un bureau de poste en 1894. Selon la coutume, on le plaça dans un magasin, celui d'Adolphe Goudeau. Antérieurement à cela, l'on designa cet endroit "La Prairie Rouge," évidemment parce qu'il est près de Bayou Rouge. Comme toutes les terres de prairie, elle n'est pas inondée puisqu'elle est trente-six pieds plus haut que le niveau de la mer. Les Goudeau reçurent cette propriété comme concession pendant le régime espagnol à la fin du dix-huitième siècle. Les noms de Pierre, Joseph, Antoine, Louis et Eugene Goudeau figurent dans les vieux documents de la paroisse. Plus tard, le major John Botts, de Virginie, s'y établit. Le plan est le même qu'ailleurs. Il consiste en deux magasins, une église, un temple de nègres appelé "Antioch," un moulin de mousse, un moulin de coton et plusieurs maisons. Dans la banlieue, l'on voit Carey Hill, côte bâtie par les Indiens. L'on voit aussi leur ancien cimetière. Coonville est un petit endroit entre Evergreen et Goudeau.

Hamburg: Ce nom, dit-on, vint d'un groupe d'ouvriers de cette ville en Allemagne qui travaillaient ici vers 1850. Ce hameau est situé à quatre milles de Moreauville dans le septième "ward." Doté d'une terre riche, de deux chemins de fer "Le Texas and Pacific" et "Louisiana and Arkansas" (ce dernier changea de nom et de route), il jouit d'une variété d'industries. Outre la culture du coton et de la canne à sucre, l'on s'intéresse à cultiver et amasser la graine. L'on voit aussi des champs d'échalotes. Ce légume s'expédie en quantité. Une autre industrie des environs est celle de cueiller, emballer et expédier de la mousse. Comme manufacture, il y a ici le "Hamburg Mill, Manufacture of Clover-rich Feeds." Ici, se trouvent de beaux animaux pur-sang pour améliorer la vieille race. Hamburg n'a ni église, ni école, étant dans le district de Moreauville. L'on va à l'église et aux écoles de ce dernier endroit. Les résidences de L.-O. Bordelon, de W.-T. Nolan et de E.-J. Béridon sont faites d'après le style d'avant la Guerre Civile. Celle de M. Béridon est la plus ancienne. Elle fut bâtie en 1853 par Jim Callihan, le premier pionnier à s'établir dans cet endroit vers 1845.

Hessmer: La construction du chemin de fer "Louisiana Railway and Navigation Company," devenu plus tard "Louisiana and Arkansas" donna la vie à ce petit village. Cet événement se passa en 1903. On le nomma en l'honneur de la fille de William Edenborn, propriétaire du chemin de fer. Bientôt on divisa la propriété de François Villemarette en lots qui se vendirent tout de suite. Les maisons de commerce atteignirent le nombre de quatorze, y compris une maison de gros, le "Hessmer Wholesale Company," propriété de Léonard Guillory. Naturellement, les "filling stations" et les salons de beauté s'élevèrent avec rapidité aussi. Mais l'édifice le plus considérable est l'école pour les cinq cents élèves de l'arrondissement. Ici, l'on ne souffre pas des inondations comme dans la plupart des terrains des Avoyelles. La terre est la plus élevèe de la paroisse. Si l'on a cette sécurité, par contre, la terre n'est pas aussi productrice que dans les vallées. Tout de même, l'agriculture tient le premier rang. Les produits sont les mêmes. Les pionniers furent Jean-Baptiste Guillory, Villeneuve Roy et Villemarette. Les noms les plus répandus sont Ducoté, Fontane, Moreau, et Gauthier. S.-A. Bernard a servi de "postmaster" depuis la création du poste. Près de Hessmer, est le Hameau de Norma où se trouve l'église de toute la région. Là, le dimanche matin on voit encore des voitures à chevaux. Les gens ont gardé les traits de leurs ancêtres. Ils sont conservateurs à outrance mais cela n'empêche que l'on y voit beaucoup de constructions modernes ayant tous les conforts du siècle. Deux autres endroits près de Hessmer sont Bay Hills et Belledeau, situés tous deux dans les lieux boisés mais n'ayant pas les mêmes arbres. Belledeau est près du Bayou Choctaw, par conséquent les plantes de terre d'alluvion croissent ici et avec quelle exubérance!

Long Bridge: Cette communauté reçut son appellation du pont en bois de trois milles et trois quarts construit par James Hardy en 1870 aux dépens de la paroisse. Ce pont couvrait le pays bas entre les côtes de Mansura et le Bayou des Glaises. L'eau haute de 1912 l'endommagea et on le démolit. A sa place, on éleva un remblai, toujours aux dépens de la paroisse. En 1896, l'on construisit le "Texas and Pacific Railway" de Bunkie à Simmesport et de la Jonction (Long Bridge) à Marksville. La gare s'éleva dans le champ de "Bob" Coco. Le petit train fut nommé "Barney" en général, mais étant souvent en retard, par raillerie, l'on disait "Time and Patience." Ce train est maintenant remplacé par un service d'autobus. Long Bridge a un bureau de poste et trois magasins dont un sert de salle de danse et de bar à la fois. Pour l'école et l'église, on se rend à Cottonport. L'industrie du sucre se développa de bonne heure ici. Paul Rabalais érigea une sucrerie vers 1840. A la même époque, il bâtit son domicile que l'on démolit actuellement. Ses cousins Martin et Jean entamèrent la culture de cette terre. Les anciens propriétaires étaient Louis Béridon, E.-L. Briggs, François Saucier, Léander Roy, John Barry et W.-L. Voorhies. Ceux d'aujourd'hui cultivent le coton sur une grande échelle. Les plantations appartiennent à F.-P. Bordelon et à Mme B.-B. Joffrion. Pour cultiver celles-ci et les autres moins grandes, on emploie beaucoup de nègres. L'industrie nécessite un moulin à coton, opération que commença Jean Rabalais. Un moulin d'huile de coton de courte durée brûla en 1913.

Mansura est un village de 1,138 habitants dans le troisième "ward," appelé d'abord la prairies des Avoyelles. Il a l'avantage d'être exempt des inondations. Les premiers colons s'y établirent pour cette raison. La première église de la paroisse aussi bien que le premier couvent et la première banque s'élevèrent dans les environs de Mansura. De tout cela, il reste seulement l'ancien cimetière où sont enterrés les premiers venus qui est encore le cimetière de Mansura. Ce lieu d'intérêt historique subit une conflagration qui détruisit les vieilles croix de bois et mêmes celles de fer ne contiennent point de noms qui pourraient mettre en lumière un fort grand nombre de faits. Selon la légende, le village reçut son nom des vieux soldats de Napoléon qui vinrent s'y établir après l'échec de leur héros. Il fut incorporé en 1860, J.-C. Joffrion étant le premier maire. Parmi les premiers habitants figurent les noms de: Rabalais, Gauthier, Coco et Joffrion. Plus tard, arrivèrent de France: Drouin, Escudé, Porterie, Regard et Desfossés donnant une ambiance française au petit village. Les plantes tropicales telles que les camélias, les azalées et les palmes sont cultivées avec succès. En janvier et en février quand les camélias de toutes couleurs sont en fleur, la vue est superbe. Ces plantes atteignent une hauteur de huit pieds plus ou moins et fleurissent abondamment.

Récemment, on a ouvert ici un marché de bestiaux appelé "Avoyelles Live-Stock Commission" où les fermiers de la paroisse se réunissent tous les jeudis pour soit acheter ou vendre des animaux.

Au point de vue commercial, Mansura compte plusieurs magasins, deux ou trois pharmacies, deux petits hotels, des postes d'essence, des salons de beauté et un cinéma. Il y a un lycée et un couvent dirigé par les Soeurs de la Divine Providence pour l'instruction de l'endroit et de ses environs. Dans les archives de son église repose le plus ancien régistre de la paroisse transféré là après la démolition de la première église des Avoyelles construite à Hydropolis en 1796. Ce petit hameau aussi bien que celui de Cocoville se trouve entre Mansura et Marksville. A Cocoville demeurait Dominique Coco, fils, qui développa de grandes plantations dans différentes parties de la paroisse. Il y mourut en 1864 dans sa magnifique résidence.

Marksville: Le chef-lieu de la paroisse comptait 1811 habitants en 1940. Il occupe à peu près l'endroit où s'installa le Poste des Avoyelles en 1780,[67] qui est plus ou moins dans le centre

---

[67]*Historical and Biographical Memoirs of Northwest Louisiana,* p. 606.

de la paroisse. Selon la tradition, Marc Eliché d'Alsace-Lorraine fut le premier à s'y établir. Tant en honneur de cet événement que par son grand intérêt dans le développement du nouveau poste et plus tard de la paroisse, on nomma le lieu d'après son nom vers 1821. Bien qu'il soit impossible de savoir exactement la date de sa mort, elle semble être 1822.

Son établissement de marchandises évidemment se trouvait près du centre de justice, car il prit part à toutes les activités. Il donna le terrain pour le "temple de justice." Ce temple, au début, était bien modeste. D'abord, on se servit de la salle de garde (guard house) ensuite on éleva une petite construction de deux salles. Vers 1837, on construisit une bâtisse en bois de deux étages qui subit bien des transformations. En 1892, on éleva une "maison de cour" de deux étages en briques qui dura jusqu'à 1927 quand on érigea un édifice de $212,950.00 de trois étages encore en briques. La prison qui jusque-là était à part, occupe une partie du troisième étage.

Marc Eliché mit le commerce à la mode à Marksville. De son temps, il avait comme competiteurs François Fournier, Louis Badin et Jean Hébérard. A cette époque, on transportait la marchandise de la Nouvelle-Orléans en bateau à rames. Vers 1850, Auguste Voinché arriva de France et s'installa comme marchand à Marksville. Il accumula une petite fortune, devenant le propriétaire de la rue où était son établissement. Il donna le terrain sur cette rue pour la premiére église et le couvent. La Guerre Civile le ruina; mais son établissement continua dans la voie du commerce. Il devint "Marksville Dry Goods Store" vers 1903, dirigé par Cohn, il fut du dernier cri. Récemment, on a modernisé cette ancienne construction où se vendent des meubles du jour surtout ceux qui fonctionnent à l'électricité. A quelques portes de là est l'établissement de W.-W. Voinché, petit fils d'Auguste. Un compatriote de ce dernier, venu en même temps, se fixa à Marksville comme tailleur, tandis que sa femme confectionnait et vendait des chapeaux. Les fils, George L. et Alfred Meyer, devinrent des marchands et pharmaciens éminents de leur temps. Leurs remplaçants furent L.-P. Roy et L.-J. Coco, tous les deux amis des fermiers de la paroisse.

De tout temps, la coutume de vendre à crédit a existé aux Avoyelles. Le fermier "ouvre son compte" chez un marchand au commencement de l'année. Les articles qu'il se procure au fur et à mesure qu'il en a besoin "se marquent" et à la fin de l'année, le marchand accepte du coton du cultivateur comme paiement. Les locaux de ces deux magasins prirent des allures modernes. L'un est le "Hardware Store" de Curtis Roy et Tucker Couvillon; l'autre est le "Ford Motor Company" opéré par Lewis Roy. Les tendances modernes du siécle s'y manifestent. Les "dry goods stores" de Schreiber et de Elster apportèrent à leur clientèle la dernière mode de New York où leurs propriétaires choisissaient leurs marchandises à chaque saison. Celui-la ferma à la suite de l'eau haute de 1927; celui-ci ferma pendant la Guerre de 1941 à 1945, période difficile pour les marchands. Marksville n'a plus de magasins de ce genre. L'ère des chemins pavés causa ce changement. On va à Alexandrie et à la Nouvelle-Orléans, centres où il y a plus de choix. Les tendances modernes des magasins à chaine et le "mail order house" amènent des changements également. La même évolution se fit sentir dans l'histoire des hôtels à Marksville. En 1850, C.-D. Brashear ouvrit l'hôtel "Bell Tavern" opéré par T.-D. Tiller, tandis que D. Ingouf administrait l'hôtel des Planteurs et John McDonald l' "Avoyelles House." Quelques années plus tard, Adolphe Frank ouvrit son hôtel qui dura jusqu'à la mort de sa veuve en 1921. Cette construction en bois de deux étages était ornée d'une longue galerie où les clients aimaient à se bercer en été. Ici, il se déroula beaucoup d'épisodes, surtout pendant les années de politique animée, immédiatement avant la Guerre Civile. A un banquet où Pierre Soulé fut le conférencier, il envisagea les conditions du Sud comme résultat de cette guerre. Jérome Gallegari, premier surintendant d'école de la paroisse, le presenta en disant: "Vous honorez la France par votre naissance et l'Amérique par votre présence." Après la démolition de cet hôtel, on érigea le premier hôspital sur le terrain qui est le plus élevé du village. Un hôtel de prédilection où se réunissaient les commis-voyageurs aussi bien que les gourmets de tout l'arrondissement fut celui de Mme Mayer qui avait transformé son établissement de chapeaux en hôtel. A la mort de M. Meyer en 1941, ce lieu historique demeura fermé. Il reste seulement le petit hôtel de Mme Robert Guillot. Pour subvenir aux besoins des touristes, il se développa vers 1930 un nouveau style d'hôtel—le "tourist camp." Le premier "tourist camp" à Marksville s'éleva en 1941—"Pine Court."

La décade glorieuse de 1850-1860 vit également de grand

progrès dans l'instruction, car il y avait "The Marksville High School for Boys," "The Young Ladies' Instiute," "The Male and Female Academy" et le "Presentation Convent." Bien que Marksville ne produisît pas de grands artistes, il y avait des musiciennes de talent telles que les demoiselles Barbin, Edwards et Huesman. Aujourd'hui, on peut entendre dans le choeur de l'église St.-Joseph Stella, May et Doris Roy, (Mesdames Moreau, Cappel et Coco), Mme Sidney Sanchez, Mlle Ollie Michel, Mme Jules Moreaux, M. Ross Gauthier, Jr. (décédé), M. et Mme Henri Decell et M. Gaston Roule. Le choeur des jeunes gens est dirigé par les religieuses du couvent. Récemment, on a organisé un club de musiciens. Au point de vue littéraire, Marksville donna Ruth McEnery Stuart, écrivain de renommée étendue, née en 1860, et décédée en 1917. Ses chefs-d'oeuvre sont *Sonny, Babette, Salina Sue* et *The River's Children* écrits en dialectes nègre et ruraux dans lesquels elle excelle. Plusieurs personnes, telles que Mesdames Henry Gaines, Thomas Overton, Edgar Coco, Sr., et M. J.-M. Pilcher écrivirent pour les révues. Un autre genre d'art se manifesta en 1890 quand on organisa un club pour célébrer le carnaval à la manière de la Nouvelle-Orléans. Messieurs A. Gosselin, Jules Didier et T.-T. Fields dirigèrent ce club de soixantequize membres. Le sujet pour les chars allégoriques se déroula autour des histoires de Mother Goose. On répéta la célébration en 1891 et 1892. Les reines et les rois étaient Alice Béridon et Perry Snoddy; Corinne Couvillion et T.-T. Fields, Mary Campbell et A.-M. Grémillion. Naturellement, le bal de la soirée où regnaient leurs majestés soulevait beaucoup d'intérêt. Quelle qu'en soit la raison, on cessa de célébrer cet événement. Néanmoins, les organisations se multiplièrent. En 1901, le "Woodmen of the World" fut organisé qui a maintenant son hall d'assemblée. Plus récemment, on organisa le "Lions' Club" qui s'intéresse aux améliorations du village. Il y a aussi une organisation de francmaçons (loge 269) et une de chevaliers de Colomb. Pour les dames, le principal est le "Garden Club" nommé "Les Myrtes" parce que Marksville a des centaines de ces arbustes qui ornent le village depuis un siècle. Ce club s'intéresse à la culture des fleurs et des plantes afin d'améliorer le paysage, bien que les camélias, les jasmins et les roses fussent de tout temps des plus beaux qui soient. Les dames ont leur "bridge club" comme ailleurs. Le bingo et le burré sont très à la mode aussi. Les jeunes gens ont les "Boy Scouts" et les organisations formées et surveillées à l'école dans le but de développer le sens de coopération et d'aide mutuelle. Le "police jury" à sa réunion au mois de février 1949 s'est prononcé en faveur d'une bibliothèque paroissiale, mouvement agité depuis cinquante ans. La lecture de livres et de revues sera maintenant plus répandue. Un nombre considérable de personnes s'intéressent à la peinture. Mais comme pur divertissement, on a toujours préféré la danse; donc, on a toujours eu une salle de danse à Marksville. En 1890, les danses s'exécutaient au "Meyer Hall" et au "Tassin Hall" sous la direction de Jules Didier qui distribuait de la liqueur glacée, produit difficile à obtenir. Il fallait faire venir cette glace de la Nouvelle-Orléans en barils de bran de scie. Vers 1905, son frère, Joseph Didier, le remplaça mais son établissement s'éleva dans un autre endroit à l'entrée nord du village. Au premier étage, on vendait des marchandises funèbres, le second étage était réservé pour les danses du samedi soir. Quelques années après, Brouillette et Dupuis ouvrirent leur hall de l'autre côté de la rue et la concurrence commença. Un incendie détruisit ce dernier et l'autre ferma peu après vers 1925. A l'époque actuelle, la danse hebdomadaire se donne à l' "American Legion Hall." On danse aussi aux "night clubs" le "Black Cat" et le "Casino." En plus, on va au "Blue Moon," club de Bunkie qui est plus spacieux et où on a aussi un thé dansant. Le divertissement des courses de chevaux, tant à la mode au début du siècle cessa avec la venue de l'automobile. La prairie au nord du village se prêta admirablement à ce sport. A la disparition de celui-ci, on commença à montrer des films silencieux sous une tente. En 1920, s'érigea le théâtre "Palace." Aujourd'hui, les théâtres sont "Bailey" et "Fox." Cette forme de divertissement est aussi suivie ici qu'ailleurs. Ceux qui aiment la boisson ont le choix entre trois "saloons" depuis 1933. Avant cette date, on ne vendait pas de boissons aux Avoyelles.

Marksville jouit de tous les conforts modernes depuis 1901. Avant cette date, la citerne gardait l'eau pour toute la consommation. Le pétrole fournissait la lumiére et le bois, le chauffage. Ce dernier produit fut remplacé par le gaz naturel en 1930. Le problème d'égoût en est un sérieux, car le sol est plat. Le trottoir (banquette) d'abord fut une élévation de terre, ensuite une planche d'un pied de large, la troisième étape, de briques et finalement le pavé. Le département du feu date de 1928 avec Tucker Couvillion comme chef. Avant cela, il y avait le "bucket brigade." Le procédé était lent et peu efficace.

Comme industrie, l'épluchage du coton vient avant tout. Trois moulins furent montés dans les banlieues du village pour cet usage. Là aussi fonctionnent deux scieries. La "Elder Lumber Company" emploie 80 hommes coupant 25,000 pieds de bois par jour tandis que la "Falls Lumber Company" en coupe 10,000 pieds. Deux manufactures fabriquent des articles de bois. Une autre fait des balais. La "Ponthieux Candy Factory" envoie ses produits dans toute la Louisiane. Egalement répandu est le produit du "Squirt Bottling Company." Le jeune maire construit un hôtel de ville de $25,000 près le l'ancien local de Hôtel Meyer. Il a obtenu un site de 80 acres pour un aérodrome. Il a amélioré le parc municipal de 40 acres, endroit pittoresque où le poisson est abondant. Il a installé des "parking meters" façon d'amasser des fonds pour aider à financer l'hôtel de ville.

Le bois de construction se vend dans trois cours à bois dans le village. Trois agences vendent des automobiles, deux garages et plusieurs postes d'essence achèvent ce commerce lucratif de l'ère de la machine.

Dans les environs de Marksville se trouvent les pittoresque hameaux de Bayou Blanc, le Par-en-Haut, la Butte à Noyer et la Longue-Vue.

Cimetière à Marksville avant d'être moderniser

Le problème de donner asile aux pauvres et aux infirmes a toujours été sérieux. Le jury de police se chargeait de cette besogne. Les cas mentaux étaient mis en prison, les malades étaient envoyés à l'hôspital de charité à la Nouvelle-Orléans et aux aveugles, on donnait une pension de dix dollars par mois. En 1898, on commença un mouvement pour un "poor farm." En 1901, on acheta quarante arpents de terre de prairie près de Marksville où l'on bâtit une maison pour y installer ces malheureux. En 1903, il y entrèrent au nombre de cinquante. On nomma un surintendant qui dirigea la farme où les pensionnaires cultivaient les produits qu'ils devaient manger. Cette méthode dura jusqu'à 1934 quand on vota une taxe d'un sou par gallon sur l'essence pour payer une pension aux pauvres. Le "poor farm" qui était vraiment pauvre, ferma ses portes. En 1935, on inaugura l'oeuvre de "State Public Welfare" qui apporta sa quote-part au support des indigents. A la même date, le gouvernement fédéral institua son vaste programme de ce genre pour aider pendant la crise économique. En décembre 1937, mille personnes reçurent cette aide qui monta pour l'année à $110,545.00. En outre, le gouvernement distribua 302,739 livres d'alimentation, principalement des fruits, à 1,220 familles par mois. La même année, on employa treize couturières qui reçurent cette année-là $4,578.50. Cent quarante-six jeunes hommes dans le "Civil Conservation Corps" recevaient $3,650,000 par mois. La paroisse paya pour cette année sous le "Social Security Act" la somme totale de $200,000.00 à ceux de ses membres qui étaient sans emploi.[68] Ces conditions de pauvreté étaient comparables à celles à la fin de la Guerre Civile quand un tiers de la population était indigente; seulement le gouvernement de l'époque ne se montra pas aussi généreux. L'organisation de bien-être (welfare) est maintenant une partie intégrale du gouvernement de la paroisse avec son bureau à Marksville. Les employés suivent un plan de travail tout réglé. Depuis octobre 1948, ce bureau dirige son travail dans un édifice neuf. Les pensions aux personnes de 65 ans se distribuent ici. La paroisse paya ces pensions à 2167 personnes en 1948; y compris tous les cas indigents, ils reçurent $137,123.41 distribué de ce bureau en 1948.

---

[68]*Bulletin, Annual Report of Avoyelles Parish,* Department of Public Welfare for the Year, 1937, p. 11.

Le 7 mars, 1954, une foule de gens de la Louisiane Centrale s'est assemblée à Marksville, au bord de la Vieille Rivière, (rivière que selon les ingénieurs d'aujourd'hui doit capturer le fleuve du Mississippi avant longtemps) pour dédier le premier musée de tribu sauvage de la Louisiane. Ce musée contient des articles trouvés dans ce lieu par des hommes de science tels que Clarence Moore en 1912 Gérard Folke de la Smithsonian Institution en 1926, Frank Setzler et James Ford, achéologues du *American Museum of National History* à Washington, D. C., en 1933. Ces recherches ont démontré que la tribu de Hopewell avait construit ces buttes de terre où elle enterrait son monde et des articles de toutes espèces à l'époque. Les historiens de la Louisiane ne savaient rien de cette tribu. Ils connaissaient les tribus de Biloxi, de Tunica, de Choctaw, etc., toutes connues aux Avoyelles au début de la colonie.

Mais si on ne connaissait les Hopewell on s'était bien intéressé aux buttes que l'on pensait le campement de Hernando de Soto, c'est à dire ses remparts ou son fort au seizième siècle. Pierre Soulé les avait vues et les avait prononcées comme celles de l'Europe. Le journal *Marksville Prairie Star* avait mentionné en 1851 ce que l'en pensait des buttes à l'époque. (dit le *Times-Picayune*, Nouvelle Orléans, du 7 mars, 1954).

Le premier curateur du musée est Robert S. Neitzel, archéologue et anthropologist, qui s'intéresse depuis 1938 à ces recherches. La région autour du musée est un parc.

Style de maison qui a toujours été populaire aux Avoyelles. Celle -ci a été construite au début du vingtième siècle par Louis Saucier sur la rive droite de la Rivière Rouge. Elle a une galerie devant et, autour du toit, une "fausse galerie". Au milieu de la galerie est la porte d'entrée qui mène dans le grand corridor. A chaque côté il y a deux portes qui mènent dans les chambres. Au bout du corridor il y a une porte qui mène sur la galerie derrière. De cette galerie on entre dans la salle à manager, la cuisine et la dépense. Ce style de maison a presque toujours des lucarnes, soit une ou deux, devant ou derrière

La Croix Rouge qui exerce ses fonctions pendant les événements calamiteux de la paroisse comptait trois mille membres en 1927, et en 1941 mille cent membres dans les Avoyelles. En temps de prospérité, il y a naturellement plus de membres.

Moncla: En 1859, le Docteur Joseph Moncla acheta une terre de trois cent vingt arpents sur la Rivière Rouge à la bordure des côtes pour le prix de quatre cents dollars. Plus tard, ses deux fils, d'abord Ambroise, et ensuite Ernest, s'établirent sur cette propriété. Il existait ici antérieurement à cet événement une traverse pour aller à Shreveport par "stage coach". Elle changea de noms plusieurs fois: en 1804, "Glass Landing", en 1842, "Faulk's Landing", en 1847, "David's Ferry", en 1890, "Moncla Ferry". En outre de la traverse, M. Moncla avait un magasin dans lequel il tenait un bureau de poste. Pour le service du voisinage, il érigea aussi un moulin à coton et une scierie. Le pont fédéral de $378,-000.00 construit en 1934 fut ruiné par l'inondation de 1945. Cette année, 1949, on le remplace un mille plus haut à l'ouest. Comme ailleurs, on créa une petite école privée qui, sous l'administration de M. Roy, devint publique. A sa place, on érigea plus tard une construction assez imposante de trois salles. Vers 1872, Louis Saucier acheta la terre de Zénon Ayraux à l'est de celle de M. Moncla. Là, il développa une petite plantation modélée plus ou moins d'après celles de l'époque. Quatre de ses filles enseignèrent l'une après l'autre à la petite école d'une salle. Les noms des autres habitants de cet endroit sont les suivants: Brouillette, Bonnette, Bordelon, Dupuy, William et Newton. En 1906, une petite église s'éleva et quelques années plus tard la résidence du curé. Mais, aujourd'hui, le prêtre de Marksville vient desservir la petite église derrière laquelle est le cimetière.

Moreauville: Village incorporé en 1904 compte 815 personnes. Il est situé dans les "wards" six et huit sur le Bayou des Glaises, terre des plus fécondes qui soient. Vers 1800, un monsieur Moreau s'orienta vers cette direction pour cultiver le sol. De la France, vinrent Amédée et Lucien Boyer et Monsieur Gilbert; de l'Italie, Jean Fontane et Roco Novo; d'autres parties de la Louisiane, Cyran et Valerien Grémillion, Baldwin, Philogène et Bienvenue Coco, Dufour et Lacour. Le Docteur Eugène Amet et Monsieur Lougarré, premier maire du village, léguèrent d'intéressants effets à leurs familles. En 1844, un bureau de poste fut érigé d'abord appelé "Borodino". Il est maintenant situé sur la route pavée qui sert d'artère de commerce à cette région. En outre, il y à les chemins de fer "Texas and Pacific" et "Louisiana and Arkansas".

Plauchéville: Ce village est situé dans le huitième ward à la jonction des Bayous Jack et Choupique. Il fut fondé par trois frères en 1840, Etienne, François et Visitant Plauché. Les soeurs de la Divine Providence administrent ici un couvent de dix professeurs depuis 1922. Avant, c'étaient les Filles de la Croix. En outre, le "high school" de Plauchéville avec treize professeurs s'occupe d'instruire la jeune population nombreuse des environs aussi bien que du village. Ici comme ailleurs, on transporte en autobus les enfants de la campagne. L'église "Mater Dolorosa" date de 1873. Octave Couvillion servit d'organiste jusqu'à sa mort en 1939. Les organisations sont: "Holy Name Society", "Knights of Columbus", "Catholic Women", "Ladies' Altar Society' 'et "Children of Mary". Le village est administré par un maire et cinq échevins comme dans les autres villages de la paroisse. La police consiste d'un "town marshal". Pour accommoder les cultivateurs de l'arrondissement de Plauchéville, on compte trois moulins à coton, un moulin à maïs, un moulin à sirop, deux garages, une forge et un "seed recleaner".

Le seul "orange grove" de la paroisse se cultive à quelques milles de Plauchéville. Bien que le climat ne soit pas propice à une haute production, il arrive que ses fruits mûrissent quelquefois. Les petits hameaux de Dupont et de Bodoc se trouvent près de Plauchéville sur le Bayou Jack, celui de Hickory sur le Bayou Choupique. Il est intéressant de noter que Bodoc vient de Bois d'Arc.

Simmesport: Mentionné précédemment comme lieu de combat pendant la Guerre Civile, fut fondé par B.-B. Simms vers 1855. Il est situé sur une île de dix mille acres formée par l'estuaire Atchafalaya, le Bayou des Glaises et le Yellow Bayou. Le Docteur P.-W. Calliham s'établit dans cette région en 1841. A la même époque vinrent le Capitaine S. Norwood, T.-P. Harmonson, et ses frères, M. Kirk, John Hosea, J.-E. Trudeau et S. Leigh. Les activités fluviales ne manquent pas d'òu l'industrie de la pêche est la plus considérable de la paroisse. Un politique a dit récemment que l'un des citoyens de Simmesport possédait autant de barques de pêche que le roi d'Angleterre avait de navires sur l'océan Atlantique. Dans les environs, on cultive le coton principalement. Le sol est fécond; mais il est bas et exposé aux inondations. Les voies de commerce ne manquent pas puisque le "Louisiana and Arkansas" et le "Texas and Pacific" traversent le village. Ce dernier construisit un grand pont à travers le Atchafalaya qui sert de chemin également.

Les bons chemins rendent possible un service d'autobus deux fois par jour. En outre, ce village jouit de tous les conforts modernes; administré par un maire et troit échevins, la partie commerciale ressemble à celle des autres villages. Sa variété se trouve dans l'histoire des temples .D'abord, on érigea un temple méthodiste en 1873, ensuite un temple baptiste en 1875, suivi l'année d'après par un temple éspiscopal. L'église catholique construite d'abord à Odenburg, hameau au sud de Simmesport, y fut transportée en 1935. L'organisation la plus ancienne est la "Masonic Lodge" no 163, appelée "Atchafalaya Lodge" datant de 1854. Un autre hameau dans cette région se nomme "Woodside" situé directement au sud d'Odenburg.

Vick: Ce petit hameau au nord de la Rivière Rouge commença à s'établir vers 1850 quand George Berlin acheta une terre qu'il habita. Son fils, Joseph, fut le premier maître de poste en 1896. Il le nomma en honneur de sa femme. Nicholas remplaça son frère qui le céda à Oren Sayes en 1926. Les Sayes s'y installèrent en 1899 venant de Center Point. Ceux qui les suivirent se nommèrent Bringols, Guillory, Clark, Shannon, Nugent et Dunn. Les Holmes vinrent plus tôt. En 1904, on éleva un temple baptiste qui servit de maison d'école aussi. En 1906, l'on construisit deux salles pour l'instruction où W.-C. Caldwell et Milton Baker enseignèrent. Ils furent remplacés par W.-B. Anderson, W.-C. Flowers et E.-O. Anderson de l'Etat de Tennessee. Plus tard, cette école fut consolidée et devint "Lafargue High School". Au début, la principale artère de communication était la rivière; aujourd'hui, il y a un chemin gravelé qui mène à Alexandrie sur le même côté de la rivière et à Marksville, en la traversant à Moncla. Cette opération se fit à la rame jusqu'à 1931 quand on éleva un pont de $378,000.00. Ce pont fut brisé par l'inondation de 1945. On le remplace cette année, 1949, à un mille du permier endroit.

Nous arrivons maintenant à la fin de notre étude historique de la paroisse des Avoyelles. Cet aperçu de l'évolution du progrès depuis 1780 nous a amenés à tracer les conditions nécessairement primitives d'un pays qui s'ouvre à la civilisation jusqu'à l'époque moderne où la machine est en train de remplacer l'homme. La paroisse des Avoyelles, dans sa marche vers le progrès, a subi de nombreuses épreuves. D'abord, ses brusques changement de gouvernement de français à espagnol et à français et, finalement, américain, dans l'espace de vingt-cinq ans. Ensuite, au moment ou elle avait atteint un haut degré de prospérité, la Guerre Civile éclata et la ruina. Elle était à peu pres rétablie de ce désastre quand un autre la frappa : la crise économique de 1929 qui laissa une grande partie de la population sans emploi. Les inondations, notamment celles de 1912 et de 1927, la paralysèrent. Mais si elle n'avait pas souffert, elle serait sans histoire. Malgré tous ces changements, elle a continué de se développer dans la voie de l'agriculture, étant donné ses conditions favorables de climat et de sol. Elle a développé un système d'instruction vraiment démocratique et moderne. Elle a élevé également des églises dans tous les villages et les hameaux. En plus, elles a mis à la portée de tous les services médicaux dans des hôpitaux modernes et un excellent système de chemins pour y arriver. Bref, elle s'est orientée vers les tendances sociales de l'époque, les tendances à s'humaniser.

Augustin, James — *Sketch of the Catholic Church in Louisiana. 1793-1893*, New Orleans, 1893.

Baudier, Roger — *The Catholic Church in Louisiana*—New Orleans, Louisiana, 1939.

Bible, George P. — *An Historical Sketch of the Acadians*—Perres and Leach, Philadelphia, 1906.

Biographical and Historical Memoirs of Northwest Louisiana, The Southern Publishing Co., Nashville and Chicago, 1890.

Biographical and Historical Memoirs of Louisiana, Goodspeed Publishing Co., 1892.

Brebner, John B. — *New England's Outpost: Acadia before the Conquest of Canada*—London, P. S. King & Son, 1927, New York, Columbia University Press.

Brouillette, Benoit — *Comment faire une monographie géographique*—Cahiers de la Faculté des Sciences sociales de l'Université Laval, III, No. 3, 1944.

Caldwell, S. A. — *A Banking History of Louisiana*—Louisiana State University, Baton Rouge, Louisiana, 1935.

Carleton, R. L. — *Local Government and Administration in Louisiana*—Louisiana State University Press, Baton Rouge, Louisiana, 1935.

Casgrain, H. R. — *Les Acadiens après leur dispersion*—Mémoires, Société Royale du Canada. Ottawa, section 1, 1887.

Un pélérinage au pays d'Evangeline—Librairie Léopold, Paris, Ceff, 1889.

Caughy, John Walton — *Bernardo de Galvez in Louisiana*—Berkeley, California, University of California Press, 1935.

Caulfield, Ruby — *The French Literature of Louisiana*—Institute of French Studies, Columbia University, N. Y., 1929.

Chambers, Henry — *History of Louisiana*—The American Historical Society Inc., New York, Chicago, 1925.

Darby, William — *A Geographical Description of the State of Louisiana*—Philadelphia, John Melis, 1816.

Denis, Nicholas — *Description géographique et historique de l'Amérique septentrionale avec l'histoire naturelle du Pays*—Paris, 1672.

(Dept.) Public Lands — *American State Papers*—United States Congress, Washington, D. C., Gales and Seaton, 1832-1861. 7 volumes.

Ditchy, Jay K. — *Les Acadiens Louisianais et leur parler*—Institut Français de Washington, D. C., 1932.

Feyrol, Jacques — *Les Francais en Amérique*—Paris, Lecerre, 1893.

Fortier, Alcée   *A Sketch of the History of Acadia*—(McCaleb Louisiana Book), New Orleans, R. F. Strangham, 1894.

Louisiana — Comprising Sketches of Parishes, Towns, Events, Institutions and Persons—Century Historical Association, 1914, 3 volumes.

Literature, Customs and Dialects—History and Education—F. F. Hansell & Brothers, New Orleans, Louisiana, 1894.

History of Louisiana—Goupil et Cie., Paris, 1904, 4 vol.

Gayarré, Charles   *Histoire de la Louisiane*—Magne & Weisse, 1847, Nouvelle-Orléans, Louisiana.

History of Louisiana—F. F. Hansell & Brothers, New Orleans, Louisiana, 1903.

Hardin, J. Fair   *Northwestern Louisiana*, The Historical Record Association, Louisville, Kentucky and Shreveport, Louisiana. Vol. I, 1939.

Hubert-Robert, Regine *Histoire merveilleuse de la Louisiane française*—Editions de la Maison française, N. Y., 1941.

Lauvrière, Emile   *La tragédie d'un peuple—Histoire du peuple acadien de ses origines à nos jours*—Paris, H. Goulet, 1924. 2 vol.

Histoire de l'Acadie et Histoire de la Louisiana. Hanatoux et Martineau, Alliance française, Paris. S.D.

Le Blanc, Dudley   *The True Story of the Acadians.*—Lafayette, Louisiana, The Tribune Company, 1937.

Lescarbot, Marc   *Histoire de la Nouvelle France.* Paris, 2d Édition revue par l'Auteur, 1611.

Lesotre, Henri   *La Paroisse*—Paris, 1906.
McDermott, John Francis *Old Cahokia*—Buecher Publishing Co., Belleville, Illinois, 1949.

Marchand, Sidney A. *Acadian Exiles in the Golden Coast*—Donaldsonville, Louisiana, Published by self, 1943.

Margry, Pierre   *Mémoires et documents pour servir à l'histoire des origines françaises des pays d'outre-mer.*—Maisonneuve et Cie., 1879-1888. 6 vol.

Martin, François-Xavier *History of Louisiana*—New Orleans, James A. Gresham, 1882.

O'Pry, Mrs. Maude Hearn *Chronicles of Shreveport*, Shreveport, Louisiana, 1928.

Oudard, Georges   *Vieille Amérique—La Louisiane au temps des Français*—Librairie Plon, Paris, 1931.

Pepper, Mary S.   *Maids and Matrons of New France*—Boston, Little, Brown & Co., 1901.

Perrin, W. H.   *Southwest Louisiana—Biographical and Historical*—Gulf Publishing Co., New Orleans, 1891.

Portre-Bobinski, Germaine   *Natchitoches, the Up-to-date Oldest Town in Louisiana*—Dameron-Pierson Co. Ltd., New Orleans, 1936.

Presbrey, Frank   *Acadia and Thereabouts*—New York, Seaman-Presbrey, 1896.

Rameau de Saint-Père   *Une colonie féodale on Amérique—l'Acadie*—Paris, E. Plon, Nourrit & Cie., Montréal, Granger Frères, 1889.

Read, William A.   *Louisiana Place-Names of Indian Origin*—University Bulletin XIX N.S. 2, Baton Rouge, Louisiana, L.S.U., 1927.

Louisiana French—State University Studies 5. Baton Rouge, Louisiana, L.S.U. Press, 1931.

Robertson, James A.   *Louisiana under the Rule of Spain, France and the United States*—1785-1807. The Arthur M. Clark Co., Cleveland, Ohio, 1911.

Roland, Eugène   *Faune populaire de la France*—Paris, Maisonneuve & Cie., 1877.

Saucier, Corinne L.   *History of Avoyelles Parish Louisiana*, New Orleans, Louisiana, The Pelican Publishing Co., 1943.

Saxon, Lyle   *Old Louisiana*—The Century Co., New York and London, 1929.

Schlerman, J. H.   *From Quebec to New Orleans*—Buechler Publishing Co., Belleville, Ill., 1929.

Scroggs, William   *Rural Life in the Lower Mississippi Valley about 1803.* Louisiana State University, Baton Rouge, Louisiana, 1916.

Sister St. Ignatius   *Across Three Centuries*—Benziger Brothers, 26-28 Park Pl., New York, 1932.

Smith, Philip H.   *Acadia, A Lost Chapter in American History*—Pauling, New York, Pauling Author., 1884.

Swanton, John R.   *Bulletin No. 43*—Indian Tribes of the Lower Mississippi Valley and adjacent coast of the Gulf of Mexico, Smithsonian Institute, Bureau of Ethnology, Washington, D.C., 1911.

Tinker, Edward   *Les écrits de la langue française en Louisiane au XIXe siècle*—Champion, Paris, 1932.

Voorhies, Felix   *Acadian Reminiscences with The True Story of Evangeline*—Boston, The Palmer Co., 1907, (épuisé).

Williamson, Fred et Goodman, George   *Eastern Louisiana, Historical Records Association.*—Louisville, Kentucky, 1935.

Williamson, Fred   *Yesterday and Today in Louisiana Agriculture*—Louisiana State University Press, Baton Rouge, Louisiana, 1940.

Winslow, Irving   *Acadia in History and Poetry.*—Boston, Bostonian Society, 1916.

Cloche de plantation que l'on sonne pour commencer
et terminer le travail

NAMES OF AVOYELLES MEN WHO DIED IN WORLD WAR II

NAME	HOME TOWN	DATE OF DEATH
Andras, Ellis J.	Marksville, La.	1-3-44
Armand, Medrick J.	Cottonport, La.	5-3-45
Armand, Norris J.	Mansura, La.	1-26-43
Aswell, William E.	Simmesport, La.	1-28-45
Barnette, Hillery	Woodside, La.	7-13-44
Bordelon, Eugene	Marksville, La.	12-18-44
Bettevy, Jimmie	Marksville, La.	5-23-45
Bordelon, Hewitt J.	Bordelonville, La.	8-6-44
Bordelon, Ivy J.	Marksville, La.	6-13-45
Bordelon, Purdie J.	Marksville, La.	2-11-44
Bordelon, Ralph J.	Cottonport, La.	8-2-45
Briggs, Gillman A.	Marksville, La.	6-14-45
Cerami, Steave A.	Bunkie, La.	2-20-44
Costanza, Frank	Simmesport, La.	4-21-45
Daigrepont, Lwarence	Mansura, La.	9-9-44
Darr, Jack A.	Bunkie, La.	3-16-45
Dauzat, Ivry	Hessmer, La.	8-13-44
Dauzat, Michell	Hessmer, La.	7-13-44
Demars, Vincent	Mansura, La.	4-23-43
Descant, Marvin J.	Evergreen, La.	9-18-44
Descant, Ramley J.	Mansura, La.	7-11-43
Ducote, Clifton S.	Cottonport, La.	6-13-44
Ducote, Conrad G.	Cottonport, La.	7-12-44
Ducote, Herman J.	Mansura, La.	4-12-45
Ducote, Nolan P.		4-28-45
Gauthier, Lloyd S.		4-25-45
Gauthier, Paul T.	Simmesport, La.	7-24-44
Guillot, C. M., Jr.	Hessmer, La.	6-8-45
Hogan, James E.	Evergreen, La.	2-28-42
Hooter, Willard J.	Cottonport, La.	10-24-44
Howe, Earl	Marksville, La.	6-6-44
Jeansonne, Christopher	Cottonport, La.	12-29-42
Johnson, Cecil	Bunkie, La.	7-1-43
Johnson, Clarence	Bunkie, La.	7-17-44
Juneau, Kirby J.	Marksville, La.	8-13-44
Lauve, Joseph E.	Bunkie, La.	1-11-46
Lemoine, Charles J., Jr.	Bunkie, La.	1-14-45
McAdams, Lawrence W.		5-2-45
Muchison, James G., Jr.	Bunkie, La.	7-14-43
Plauche, Allen H.		7-25-44
Rosa, Eston	Cottonport, La.	7-17-44
Roy, Harry T	Mansura, La.	4-16-41
Wilson, Norris R.		6 18 11

KOREAN WAR

Garcier, Leonard P., Jr.		1-2-51
Gaspard, Leroy		12-22-52
Lemoine, Anthony R.		6-10-52
Lemoine, Earl J.	Moreauville, La.	7-21-53
Mayeux, Lannis J.		3-25-51
Mayeux, Larry J.		3-4-51
Moncla, Felix E., Jr.		11-30-53

www.ingramcontent.com/pod-product-compliance
Lightning Source LLC
La Vergne TN
LVHW091158080426
835509LV00006B/738